질병

"실재하는 추상"

질 병

최은주 지음

은행나무

들어가며

1장 질병의 역사

2장 질병의 사회문화사

3장 개인적인 몸

우리는 모두 질병 보유자?

의식주는 사람이 살아가는 데 있어 기본적인 요소다. 삶에서 꼭 필요한 것이니 가장 중요하다 할 수 있다. 그중에서 요즘에는 특히 의衣가 으뜸일 것이다. 잘 입는 것. 그런데 막상 옷 자체보다는 '살'에 더 관심이 많다. 예전에는 옷으로 자신의 미적, 혹은 사회적 수준을 과시하고자 했다면, 이제는 옷뿐만 아니라 외모, 특히 젊고 건강한 몸에 주력한다. 오죽하면 '피부'와 '치아'로 경제적 수준을 가늠한다는 말이 생겨났을까? 영국 사회학자 앤서니 기든스 Anthony Giddens는 《현대성과 자아정체성》(1991)에서 신체에 대한 이와 같은 관심에 주목했다.

신체는 더 이상 전통적 의례에 따라 '받아들여지고' 먹여지고 꾸며질 수 없다. 신체는 자아정체성의 성찰적 기획의 중심부가 되는 것이다. 위험 문화와 관련된 신체 개발에의 지속적인 관심은 따라서 현대적인 사회적 행동의 본질적 일부이다. 신체와 관련한 생활 설계가 꼭 자기도취적인 것은 아니다. 오히려 탈전통적 사회 환경의 정상적 일부로, 외부세계로부터의 방어적 후퇴이기보다는 외부 세계에의 참여이기가 더 쉽다.

이제 신체는 '자아정체성의 성찰적 기획의 중심부'가 되었다. 예전에는 질병과 노화를 오래 겪지 않아 몸에 대해 깊이 성찰할 기회 또한 많지 않았다. 하지만 현대에는 길어진 수명에 비례해 질병과 노화 기간이 길어졌다. 길고도 오래 그리고 전면적으로 몸을 느끼게 되는 것이다. 내 주변에도 어떤 비타민이 좋고, 중성지방이 어떻고 하는 이야기가 끊임없이 오간다.

나이가 들수록 아픈 몸이 고개를 든다. 작년보다 올해 몸은 더 안 좋아진 것 같고 얼굴 주름도 깊어졌다. "뒷산에라도 올라가야지. 그러려면 운동화도 사야 하는데, 등산화를 살까?" 이런저런 고민들이 의식 속을 비집고 다닌다. 창밖 공원에는 뛰고, 걷고, 단체 에어로빅을 하는 사람들이 보인다. 사람들은 이제 잘 먹고 운동도 많이 한다. 어느 연예인의 아침 일과는 여러 알의 비타민과 견과류로 시작된다. 그리고 집에 설치해둔 전문가용 운동기구로 근육을 만들고 영양 상태를 고려한 맞춤 식단으로 아침을 먹는다. 운동에 심취해 하루라도 운동을 거르면 불안해하기도 한다.

나는 TV를 잘 보지 않지만, 어머니가 켜놓으시면 가끔 호기심에서 볼 때가 있다. TV에는 소위 '잘 먹는 법'이 유행이다. 전국의 유명 '맛집'들과 요리 경연, 요리 수업, 몸에 좋은 식품 소개, 그리고 출연자들의 건강을 체크하는 프로그램까지 등장하였다. 이런 프로그램들은 '잘' 먹는 문제에서 '올바르게' 먹는 것이 중요하다는 점을 지식적으로 드러내고 강조하는 것처럼 보인다. 식食에 대한 관심은 수명 연장에 큰 영향을 미쳤다. "진지 잡수셨어요?"라고 아침 인사를 하던, 먹고살기 힘들었던 과거와는 다르게 먹는 것에 대한 걱정이 줄고 의학기술이 눈부시게 발전한 결과이다. 현대세계 문명의 성과가 '장수'長壽라고 해도 과언은 아닐 것이다. 이제는 자기 나이보다 평균 10년쯤 젊게 보여야 '정상'이라고 한다.

그런데 이것을 마냥 기분 좋게만 받아들일 수는 없다. 빛나는 문명의 성과인 '장수'에 요즘 꼭 따라다니는 말이 있다. '유병장수有病長壽'다. 젊음보다 노화와 질병을 가진 채로 살아가야 할 날이 그만큼 늘어난 것이다. 노년의 삶과 질병으로 인해 현대인은 그 어느 때보다 현재를 즐기지 못하고 미래에 대한 불안과 염려로부터 자유롭지 않다. 그에 따른 사회비용 또한 증가하고 있다.

시빌과 스트럴드브러그

'유병장수'라는 말을 들을 때마다 나는 희랍신화의 무녀 시빌이 떠오른다. 오비디우스의 《변신 이야기》에 따르면, 시빌은 신이 아니었지만 1,000년이나 살았다. 희랍의 식민 도시였던 이탈리아 쿠마의 무녀였던 시빌은 앞날을 점치는 능력으로 유명했다.

그 능력을 널리 인정받으면서, 마침내 아폴로는 자신의 사랑을 받아들이면 영원한 생명을 주겠다고 제안한다. 그녀는 신의 선물을 받아들일 것처럼 먼지더미를 가리키며 그만큼의 장수를 달라고 기도한다. 그런데 젊음이 없다면 불멸도 가치가 없다는 사실을 놓치고 만다. 그녀는 자신이 젊었기 때문에 젊음에 대해서는 까맣게 잊고 있었다. 그래서 아폴로 신이 그녀가 그의 사랑에 굴복하기를 바라며 영원한 젊음도 약속하지만 그녀는 신의 선물을 일축해 버리고, 결국 길고 오랜 시간의 희생물이 된다. 세월이 흘러 늙고 병들어 더 이상 걸어 다닐 수가 없게 되자 시빌은 새장 속으로 들어간 채로 시장 한복판에 매달리는 신세가 된다. 온몸이 늙어 작은 새의 크기만큼 쪼그라든 것이다. 그렇게 시장의 구경거리가 되었다. 그리고 마침내 목소리만 남는다. 이제 그녀의 소원은 단 하나, 죽는 것이다. 그녀는 "죽고 싶어!"라고 말했다.

이렇듯 삶은 좋은 것이지만, 늙고 병든 채로 오래 살

고 싶은 사람은 없다. 늙고 병든 몸은 자신에게 고통을 주고 타인에게 추하고 두려운 기피의 대상이 된다. 조너선 스위프트의 《걸리버 여행기》에도 영원히 사는 스트럴드브러그가 나온다. 걸리버가 하늘을 나는 섬의 나라, 라퓨타에서 그들에 관한 이야기를 들었을 때 '스트럴드브러그의 한 사람이 될 수 있는 행운이 온다면, 영원한 생명과 죽음 사이의 차이점을 이해함으로서 나는 진정 행복하다는 사실을 알게 될 것'이라고 생각한다. 걸리버의 이런 생각은 인간이 죽음을 회피하고 두려워하며 영원한 생명을 욕망한다는 사실을 잘 보여 준다.

그런데 영원히 죽지 않는 스트럴드브러그를 언제든지 만나 볼 수 있는 럭낵의 사람들은 정작 삶에 대한 집착이 그렇게 강하지 않다. 스트럴드브러그는 젊지 않았고 건강하지 않았던 것이다. 늙음과 쇠약함이 가져오는 불편과 영원한 생명을 모두 가지는 그들은 죽지 않음으로 인하여 생기게 되는 절망 속에 놓일 뿐이다. 설상가상으로 그들은 사회적으로, 즉 제도적으로 '죽은' 사람으로 취급된다. 그들이 설사 럭낵의 사람들과 결혼을 한다 해도 법률에 의해 60세가 되면 헤어져야 한다. 그리고 80세에 상속자가 그들의 재산을 물려받는다. 생계를 위한 작은 금액만을 가질 수 있을 뿐 그들은 땅을 살 수도 없으며, 이윤을 위한 어떠한 행위도 할 수 없다. 그렇게 하는 이유는 나이가 들기 시

안드레아 카스타뇨, 〈쿠마의 시빌〉(1400년대)

이대로 영원히 살게 하소서!(젊은 시빌)

젊은 시빌은 이 말을 하지 않은 것에 대해 두고두고 후회했을 것이다.

작하면서 생겨나는 '탐욕'때문이다. 그들은 형사재판에서 증인이 될 수도 없다. 90세가 되면 치아와 머리털은 모두 빠진다. 항상 병을 앓고 있지만, 그 병을 낫게 할 수도 없다. 그리고 오락도 없다. 따라서 스트럴드브러그로 태어나는 것은 불길한 징후로 간주될 뿐이었다.

이 끔찍한 이야기는 오늘날의 현실이 되어 가고 있다. 육체적으로든 사회적으로든 노년에 할 수 있는 일은 많지 않다. 이것을 알아차린 듯 제레미아 드 생타무르*는 "난 절대로 노인이 되지 않을 거야"라고 말하면서 예순 살이 되면 목숨을 끊겠다고 결심한다. 그가 자살한 원인에 대해 후베날 우르비노 박사**는 '노화 공포증'이라고 불렀지만, 박사 자신의 노화에 대한 느낌은 '슬픔'이었다. 그는 자신이 마지막 나날의 석양을 살고 있다고 생각했으며, 50세 때까지도 의식해 본 적이 없던 몸속의 내장 하나하나를 마음속으로 느끼기 시작한다.

질병과 허약함에 대한 법적 제재보다 무서운 것은 무언無言에 의한 무능력자 취급이다. 《걸리버 여행기》 속에

---

* 가브리엘 마르케스의 《콜레라 시대의 사랑》(1985)에 등장하는 사진사로, 목발을 짚고 다니는 불구자다. 서인도 제도의 어느 섬에서 반란이 일어났을 때 도망친 후 호구지책으로 어린이 사진을 찍어 주다가 그 지방에서 가장 성공한 사진사가 된다.

** 《콜레라 시대의 사랑》의 여주인공 페르미나 다사의 남편.

미켈란젤로, 〈쿠마의 시빌〉 부분(1508)

죽고 싶어! (늙은 시빌)

T. S. 엘리엇의 《황무지》에는 로마시대 페트로니우스의 《사티리콘Satyricon》을 인용한 늙은 시빌의 이야기가 나온다. "한번은 쿠마에서 나도 그 무녀가 조롱 속에 매달려 있는 것을 직접 보았지요. 아이들이 '무녀야 넌 뭘 원하니?'라고 물었을 때 그녀는 대답했지요. '죽고 싶어.'" 1,000년을 살 수 있었던 시빌이지만 온몸이 늙고 병들어 쪼그라드는 것은 죽는 것보다 못한 일이었다.

는 영원한 삶을 욕망하는 인간에 대한 따끔한 교훈으로 스트럴드브러그가 등장하지만 오늘날 현대인은 실제로 스트럴드브러그처럼 살아가야 한다. 그런데 소설 속 럭낵의 사람들이 시각적으로 추한 몰골의 스트럴드브러그와 같이 '예외 인간'이 될까 봐 두려워 삶에 대한 집착이 강하지 않았던 것과 달리, 현대인은 의학기술에 기대어 젊고 건강하게 살고자 하는 욕망이 크다. 그리고 그런 인간의 욕망을 채워줄 듯 소비시장은 젊음과 건강을 위한 상품 개발에 주력한다. 추하지 않을 수만 있다면 그리고 병을 앓지 않을 수만 있다면, 인간은 어김없이 삶을 붙잡을 것이다.

의학 및 제약의 발달뿐만 아니라, 화장품과 미용술의 개발은 그러한 인간의 욕망을 잘 반영한 것이다. 오늘날에는 오래 사는 것이 불가피해진 만큼 '어떻게, 어떤 모습으로 사느냐' 하는 것이 중요하다. 지금의 현대인이 그토록 외모와 건강을 챙기는 것은 노년을 '나이보다 젊게' 살고 싶기 때문이다. "젊어 보인다"는 말은 퍽 기분 좋은 칭찬이다. 건강은 젊음의 동의어로 사용된다. 건강은 젊음의 동의어도 아니고 정상을 의미하지도 않지만, 그 사실은 중요하지 않다. 의미는 계속해서 변하기 때문이다. 과거에는 근력 감소가 정상적인 노화 현상이었다면, 오늘날에는 이를 질병의 일종으로 보고 병명을 붙여 치료 대상으로 간주한다. 질병은 시대마다 탄생하고 유행하는 것이다.

추상에서 구체로

예전에는 늙음이 생명의 정상적인 단계'였다'. 과거 시제 '였다'를 강조한 것은 늙음이 생명의 정상적인 단계라는 정의가 변화하고 있기 때문이다. 고령화에 따른 근육량과 근력의 감소는 더 이상 정상적인 노화 현상이 아니라 하나의 질병으로서 의학적 치료 대상이다. 그러나 우리의 몸은 질병, 노화, 죽음의 건강 단계로 이루어져 있다. 노화는 건강의 자연스러운 과정이다. 단지 노년이 장기화되다 보니 단계적으로 나눈 인생 과정으로 놓고 볼 때 불균형을 이루면서 노년의 질병과 고통을 감당해야 할 기간이 늘어난 것뿐이다. 같은 나이대의 다른 사람보다 현격하게 상처나 부상에 대한 치유의 능력이 좋거나 이전의 건강한 상태로 복구가 가능하다면 건강한 사람이다. 무엇보다 건강은 몸을 의식하지 않는 상태이다. 내가 일하고 활동할 때 내가 몸을 가지고 있다는 사실을 잊어버리고 완전히 일에만 몰두할 수 있는 상태가 건강인 것이다. 그러나 건강은 정확히 정의될 수 없다. 그것은 '영양'의 문제일 수도, '위생'에 대한 내용일 수도 있다. 다시 말해 인간과 사회의 모든 영역에서 지표를 무엇으로 삼느냐에 따라 달라질 수 있다.

60대 부부가 똑같이 감기에 걸렸다. 남편은 화들짝 놀라 원거리에 있는 대형병원까지 찾아간다. 아내는 뜨거운 쌍화탕 하나 마시고 한숨 푹 잔다. 병원에 가 있는 남편의 상태가 아내보다 더 나빠서가 아니다. 병원에 간다는 것은 상당 부분 자신의 선택인 것이다. 환자가 된다는 것도 선택이다. 어떤 증상이 생활을 방해하고 일상을 살아가는 데 불편을 끼칠 때 자신을 환자로 받아들이며 병원에 갈 것을 결정한다. 남편과 아내는 각자 자신이 받아들이는 병의 정도와 능력 그리고 이에 대해 느끼는 감정이 다르기 때문에 해결 방법도 다른 식으로 결정하는 것이다.

병도 개인마다 다른, 개별적이고도 고유한 징후이다. 남편이 병원에 가야겠다고 결정할 때 받아들인 불편의 정도가 아내의 그것과는 달랐던 것이다. 그럼, 이때 병원에 가 있는 남편은 비정상이고 집에 남은 아내는 정상일까? 우리가 느끼는 징후 또는 증상은 상당히 추상적인 것이다. 내가 가지고 있는 증상이 어떤 특정 질병 하나의 이름에 가장 부합된다면, 그 증상은 바로 그 질병이 된다. 특정 질병이 명명된다는 것은 그 질병의 특징과 일치하는 부분이 많다는 것이며, 일단 밝혀지면 치료 방법의 모색이 좀 더 용이하다. 물론 불치와 난치의 병일 수도 있으나 병세를 약화시키거나 적어도 고통을 감소시킬 방안이 마련되었다는 것이다. 지금 2년째 전 세계가 겪고 있는 코로나19COVID-19라고 불리는 사스 코로나 바이러스 2SARS-CoV-2 감염증의 경우, 치료 방법은 아직까지 다중으로부터 격리되는 것과 해열치료, 산소치료를 받는다. 임상 승인→사전검토→허가 심사 →허가완료→국가출하승인을 모두 거친 치료제는 현재로서는 아직 없다.

18세기에는 증상이 있으면 닥치는 대로 처방하였고 약을 복용했다. 상상병이라고 하는 것이 질병으로 받아들여졌던 것도 그러한 이유에서다. 오늘날에는 소비시장의 판촉을 위해 질병명이 늘고, 상품가치가 있을 법한 약품 개발에 주력하는 것이 현실이다. 덕분에 증상에 맞는 거의 모든 약이 존재한다. 많은 건강식품과 의학기술, 운동 그리고 의료정책이 적극적으로 개입된 환경에 놓여있기 때문에 몸도 상품을 고르는 것과 같은 맞춤형의 선택 사항이 되었다. 비용만 지불된다면 체질 개선, 피부, 근육, 보디라인의 목적에 따라 몸을 맞출 수 있는 것이다.

> 내가 그의 이름을 불러 주기 전에는
> 그는 다만
> 하나의 몸짓에 지나지 않았다.
> 내가 그의 이름을 불러 주었을 때
> 그는 나에게로 와서
> 꽃이 되었다

김춘수의 '꽃'이라는 시다. 이 시에서 '그'는 이전에 아무도 아니었지만 나의 호명을 받으면서 특별한 '그'가

된다. 이와 같이 호명을 통해 존재성이 부여되는 것을 질병에도 적용해 볼 수 있다. '꽃'은 '질병'으로 바뀐다. 증상이 특정 병명으로 불리면서 질병의 구체화 과정이 일어나는 것이다. 광고 속의 증상에 내 몸을 꿰맞추는 나는 언제나 잠정적인 질병 상태에 있다. "어! 저거 내 증상과 똑같아"라고 말하는 순간 환자의 위치에 서게 되는 것이다. 18세기에 상상병을 앓았던 사람들과 다를 바 없다. 쇠약함의 종류를 미세하게 분류하여 맞춘 의학 처방은 증상을 '더 정확하게' 분석한다는 위엄을 보여주지만, 그만큼 공포심을 조장한다.

치아 한 개가 불편해서 치과에 갔을 때다. 입을 벌리는 순간 의사는 심각한 표정을 짓고 나의 구강 전체 사진부터 찍는다. 여러 말보다 사진을 보여주면 모든 것이 쉽게 이해할 것이라고 여긴다. 흑백 명암으로 드러난 나의 구강은 내 몸의 일부라기보다는 마치 깊고 어두운 동굴 같았다. 그러나 감상이 채 끝나기도 전에 의사는 내가 질병을 방치해둔 결과라며 빠른 치료를 권고한다. 그리고 정작 불편한 치아에 대해서는 고심하지도 않고 괜찮다고 진단한다. 의사의 전문 지식에 반기를 들 수는 없었지만, 내가 볼 때 의사는 환자의 고통을 방치하는 것 같았다. 그러나 의사가 권고한 치료를 거부한다면, 나는 쉽사리 이상한 사람으로 취급당할 것이다. 이런 분위기에서 증상이 있을

토머스 로랜드슨, 〈상상병 환자〉(1788)

상상병 환자의 고통

영국의 풍자만화가가 그린 그림으로, 그림 중앙에 한 여성이 앉아 있다. 그녀는 신체적으로 무해한 증상에 대해 과다하게 반응하여 자신이 심각하게 아프다고 생각한다. 즉 상상병으로 고통스러워하고 있는 것이다. 왼쪽으로는 그녀를 괴롭히는 다양한 생각들이 펼쳐져 있고, 오른쪽으로는 그녀가 자신의 증상을 의사에게 설명하는 모습이 보인다.

때마다 약을 쓰지 말고 참을 만하면 참으면서 삶의 일부로 받아들이라고 할 수도 없다. 이렇게 하는 것은 오히려 병을 방치하여 만성 질병을 유도하는 것으로 비칠 것이다.

통증을 안고 살고 싶은 사람은 아무도 없다. 통증을 완화시킬 방법이 있다면 굳이 통증을 안고 살아갈 필요는 없는 것이다. 첨예하게 대립했던 의학계와 철학자 한스 게오르그 가다머Hans-Georg Gadamer의 고통 논쟁은 그만큼 시사하는 점이 크다. 가다머는 100세의 나이에 '고통'이라는 주제로 강연을 한 바 있다. 그는 아픈 신체 조직을 제거할 대상으로 보지 않았다. 평생에 걸친 과제로 고통을 바라보았다. 쟁점은 화학적 진통제에 익숙해지면서 현대인의 몸이 잘못 길들여졌기 때문에 갈수록 시간이 필요한 자연적인 치유 과정을 참지 못하게 되었다는 것이다. 그러나 가다머의 의견에 대립하는 다수의 사람들이 "진통제가 있다면 인내가 필요할까?" 하고 의문을 표한다.

역설적으로 생각해보자. 인내를 하지 않아도 되려면, 더 많은, 더 강력한 진통제가 필요하다. 면역력이라는 것은 세균이나 질병에만 생기는 것이 아니라 항생제나 진통제에도 생긴다. 약을 사용하는 문제는 그러한 점에서 깊이 성찰할 필요가 있다. 22세에 걸렸던 척수성 소아마비로 인한 통증은 평생 가다머의 삶에 영향을 끼쳤다. 그가 다른 누구보다 고통에 대해 많은 생각을 했을 것은 분명하다.

그가 생각할 때, 울음소리로 고통을 표현하며 태어난 아이와 노쇠하여 지속적인 통증을 지니고 살아야 하는 늙은이 모두에게서 고통을 떼어내는 것은 불가능하다. 그는 그것을 '이겨내야 할'것으로 바라본다. 무조건 참는 것이 아니라, 그 고통에 저항하지만 고통이 완전히 사라지지 않는다면 그것 또한 자신의 고유한 삶의 일부분이다. 그것은 다른 식으로 의미화가 가능하다. 다시 말해, 자신의 고통을 저주가 아니라 다른 경험에 대한 인식적 지평으로 확장할 수 있다. 가다머가 볼 때 기술과 지식의 진보는 인생에 대한 믿음이 아니라 오히려 단절을 준다는 점에서 고통을 다스리는 데 도움을 주지 못한다.

그러나 의학은 고통이 빠르게 만성화되는 것을 피할 수 있도록 모든 방법을 동원한다. 그것 또한 의학이 할 일인 것이다. 그러나 내가 경험한 바에 따르면, 진통제를 쓴다고 통증이 완전히 사라지는 것은 아니다. 통증이 여전히 남는다. 화학 진통제에 의해 아주 서서히 그리고 껄끄럽고 요란하게 빠져나가는 소음처럼, 고열에서 빠져나온 후 미열과 구토증의 서걱거리는 통증이 남는다. 그때 또 진통제를 쓴다는 것은 무의미하다. 표준 증상에 맞춰 조제된 진통제는 이미 할 일을 다 했기 때문이다. 그 다음은 내가 감당할 문제이다. 통증은 찌꺼기처럼 내 몸의 세포 하나하나, 기관 하나하나로 스며들어 자리를 잡은 후 이따금씩

나를 괴롭힌다. 그때마다 몸은 나의 것이지만 바깥처럼, 그리고 가깝지만 낯설게 다가온다.

잠정적 환자 상태

이 책은 삶으로서의 질병에 관한 것이다. 질병은 역사와 문화, 그리고 개인의 삶에 두루 나타나면서 여러 가지 해석학에 맞추어 의미화되었다. 구조화된 정상과 비정상의 범주에서 비정상으로 분리되었고, 무엇보다 의학기술의 발달에 따른 치료약 덕분에 제약회사와 대중매체에 의해 질병이 만연하였다. 그러나 폭우나 천둥을 받아들이듯 어떤 설명도 없이 질병을 받아들이는 사회가 있었다. 구체화시킨 병명이 없었으므로, 모호한 통증을 몸의 일부처럼 수용했을 것이다. 반면 현대 서구사회에서 질병은 무권력이자 소외이며, 비인간화이다. 따라서 질병은 그 자체로서의 특징이 아니라 그 범주들과 문화, 계층, 시간에 묶여 있어 사회적으로 편향된 선입관의 산물이다. 수전 손택 Susan Sontag은 《은유로서의 질병》(1978)에서 질병이 편집증적인 사회와 얽히면서 공포심을 자극하는 은유로서 해석되었다고 지적한다. '질병이 존재한다는 것은 의지가 병약해서다'라든가, 그래서 '환자 자신이 질병의 병인'이라든가 하는 식의 은유가 질병에 들러붙는다. 이런 터무니

없고 위험한 관점은 질병의 책임을 환자에게 돌려 환자의 재활 의지를 꺾는 결과를 초래한다.

'아프다', '비정상적이다'라는 의료적 진단 범주는 그렇게 보편적인 것도 객관적인 것도 아니다. 문화의 변화는 지식의 변화를 가져왔지만, 지식은 동시에 과잉과 소비 욕구를 조장하는 결과를 가져오기도 했다. 농약을 뿌린 나무가 또다시 농약에 의존해야 하는 반면, 농약을 뿌리지 않은 나무는 큰 손상 없이 스스로 치료하면서 나무의 균들끼리 식물 연쇄를 일으킨다. 식물 연쇄란 동물의 시체나 마른 식물이 땅속에서 박테리아에 의해 분해되어 식물의 양분이 되는 것을 의미한다. 현대에 이르러 농업은 관찰 능력보다 농약과 비료에 대한 수학적 계산만 앞세웠다. 이와 같이 현대인도 아프다 싶으면 의약품을 찾고, 부족한 것 같으면 영양제를 찾는다. 이미 아프기도 전에 집에는 열 가지쯤의 상비약을 구비하고 있다.

박테리아는 양분을 주면 활동을 쉬는 반면, 양분을 주지 않으면 활동하면서 흙을 만든다. 인간의 장도 마찬가지다.* 이러한 점을 인식하면서 철학은 고통에서 의미를 찾는다. 고통의 만성화를 피하기 위해 모든 가능한 방법을

---

* 농약과 비료에 대한 농업 생산성의 문제는 2009년 8월 29일자 (조선일보)에 게재된 「[선우정 특파원의 오타쿠 경제] '기적의 사과' 집념의 31년」을 참조하였다.

동원하는 의학과는 대조적이다. 문제는 올바른 가능성을 파악하여 자신을 위해 유용하게 사용하는가이다. 자신을 유용하게 한다는 것은 고통과 관계 갖는 것을 빨리 잊기보다는, 자신을 충족시킬 만한 어떤 것에 몰두함으로 견딜 만한 삶을 스스로 이끌 수 있도록 하는 것이다.

물론 질병의 경험은 고통스럽다. 개인에게 일방적으로 고통을 내면화하고 인내하라라고 한다면 전혀 설득력이 없다. 분명한 것은 질병이 의학기술에만 연관되어 있지 않다는 것이다. 지식과 사회구조 그리고 제도, 정치와 깊은 연관성을 가지면서, 추상적인 질병이 의학적 시선에 의해 공간적인 분류 형태를 띠게 되었다. 다시 말해, 서로 다른 질병을 구분하기 위하여 그 사이에 놓인 거리를 유사성만을 가지고 결정하는 방식을 채택한 것인데, 이것이 분류하기의 시선이다. 즉 '질병의 질서'이며, 일찍이 미셸 푸코 Michel Foucault가 《임상의학의 탄생》(1963)에서 지적했듯이 인간의 삶을 그대로 옮겨놓은, 분배하기와 질서 지우기의 체계인 것이다. 구조적으로 정의되어 있는 정상성에 맞추어 질병은 비정상으로 규정지어진다. 그러나 이와 같은 '분류하기의 시선'은 급작스런 발작과 마비와 같은 징후적이고 일시적인 현상에 대해서는 무시한다.

개인의 몸에서 겪는 질병임에도 불구하고, 집단의 위험 인식에 따라 건강검진이 권고되며 의약품이 처방되고,

연령별 백신이 권장된다. 그러나 권장 방식은 항상 겁을 주는 것으로 전개된다. 즉 모든 가능한 건강의 위험에 노출되어 있다는 전제하에 우리의 일상생활에 방향을 잡아주고 식습관에 경각심을 불러일으킨다. 선택은 개인의 자율적 의지에 달려 있다고 하지만, 붉은 육류와 설탕, 소금, MSG, 초콜릿, 커피, 견과류에 대한 상반된 전문 지식이 우리를 식탁 앞에서 주저하게 만든다. 그리고 음식점의 위생 상태나 농작물 유전자 조작, 몸속에 쌓인 유해 물질들의 총량을 뜻하는 '보디 버든body burden'과 같은 뉴스가 우리로 하여금 위험 사회에 살고 있다는 불안감을 느끼게 한다. 이런 지식 주장은 우리가 극한 위험에 처한 것 같은 분위기를 조장하고 질병의 염려로부터 자유로울 수 없게 만든다. 질병의 고통 때문이 아니라 질병 자체가 반드시 척결되어야 할 '비정상', 또는 '오염'으로 규정되기 때문이다.

그동안 흐릿하고 뭉근하게만 전달되던 고통이 마치 새로이 밝혀진 질병처럼 둔갑하지만, 이것은 오히려 질병을 발굴하는 것에 더 가깝다. 질병이 규정되는 동시에 신약이 출시되면 질병 치료령이 떨어져야 하는 것이다. 이 속에서 현대인은 누구나 정도는 다르지만 잠정적 환자 상태에 놓인다. 질병에 대처하는 국민 의료 정책을 보면, 국민 건강에 대한 관심을 높여 질병 비율을 줄인다는 목표를 지향한다. 이 목표를 위해 전문가와 의사, 교수의 협조를 받은 광고와 방송 토론, 기자회견 등이 질병 예방이라는 목표에 꼭 맞는 언어를 사용하여 진리를 생산한다. 그러나 이 목표는 질병에 대한 위험 인식 못지않게 건강과 젊음에 대한 과열된 사회 분위기를 조장하여, 일상을 자본시장의 수익성 추구에 맞추어 변화시키려는 일상성의 수익성화를 부추긴다. 결과적으로 환자 개인의 상태를 관찰하는 느린 치료 방식은 간과되고 만다. '빨리빨리'의 속도 지향적 사회에서 질병의 예방과 척결이라는 목표만이 지향되기 때문에 무분별하게 항생제가 사용되면서 자가 치유 능력을 키워내는 면역 기능은 떨어지게 된다. 그리고 그러한 사실조차 잊히고 만다.

①

질병의 역사

그러니 모든 질병은 사랑이 변형된 것일 뿐입니다.

토머스 만, 《마의 산》

야누스*의 얼굴

질병에 대한 사회적인 상징성은 그 역사가 길다. 묵묵히 질병을 받아들이는 사회가 있는가 하면, 해롭고 달갑지 않은 것으로 받아들이는 사회도 있다. 나아가 생활수준에 따라서 질병의 원인을 찾기도 한다. 따라서 질병은 개인의 고통이라기보다 사회·문화적인 범주에 의하여 해석되고 동시에 통합적 관리에 놓인다. 그리스 시대에는 관리법이라는 것에 의해 양호한 건강과 영혼의 바른 태도라는 이중의 영역을 지향했다. 그러나 여기에는 '쾌락의 중용'이라는 도덕적 차원의 메커니즘이 존재한다. 성생활의 금기를 위한 문화적이고 종교적인 의미의 윤리적 차원이 건강과 의학에 영향을 미친 것이다.

질병에 수반되는 시련이나 죽음과 맺는 관계에서 긍정적인 의미를 찾는 경우도 있다. 19세기 초반에 결핵은 로맨틱함과 결합되어 영국, 프랑스, 미국 문학 및 예술에

---

*   로마신화의 두 얼굴을 가진 신으로 전쟁과 평화를 상징한다. 여기에서는 각기 다른 사회와 문화에서 여러 가지 얼굴을 갖게 되는 질병에 대한 비유로 사용하였다.

프레드릭 샌디스, 〈마리아 막달레나〉(1858~1860)

미의 기준이 바뀌다

결핵으로 인한 창백한 혈색과 가냘픈 몸은 결핵의 치료법이 나오면서 여성
이 갖춰야 할 이상적인 용모가 되어 갔다. 라파엘전파의 그림이 특히 그러
한 영향을 받았다.

영향을 미쳤다. 이 병은 창백함에서부터 무기력, 야윔, 심지어 쇠약한 특징까지 찬미와 숭상의 대상이 되었다. 20세기 말의 어느 비평가는 결핵이 점차 사라지는 오늘날 문학과 예술이 쇠퇴하고 있다고 설명할 정도였다. 45킬로그램 이상 몸무게가 나가는 사람이 서정 시인이라는 사실을 받아들일 수 없다는 서정 시인에 대한 상像도 존재했다.

서정 시인에 대한 이러한 특징은 점차 여성이 갖춰야 할 이상적인 용모가 되어 갔다. 결핵의 전형적인 유형이 빅토리아 시대 여성들의 외모에 영향을 미친 것이다. 라파엘전파Pre-Raphaelite 화가들이 특히 그러한 영향을 받았다. 샌디스Frederick Sandys의 그림에서 여성은 아름답다. 그러나 자세히 보면, 그 아름답다는 느낌은 병색과 연약함에서 우러나온다. 질병이 로맨틱하게 여겨졌고, 로맨틱하게 읽히는 질병은 사랑하는 사람에 대한 마음을 더욱 열렬한 것으로 강화시켰다. 《마의 산》(1924)에서 토마스 만이 묘사한 대로 육체는 '병과 쾌락'의 장이며, '죽음을 초래하는 것'이었다. '사랑과 죽음, 이 둘은 양쪽 다 육체적인 것'으로, 거기에 이 둘의 '무서움과 위대한 마술'이 있었다.

오래전 에드바르트 뭉크Edvard Munch의 화집을 넘기다보면, 저 유명한 〈절규〉(1893)보다는 〈병든 아이〉(1897)에 눈길이 갔다. 그림 속의 소녀는 결핵을 앓아 수척해지고 눈이 움푹 들어갔다. 수척한 얼굴로 먼 곳을 향하고 있는 그녀의 시선 때문에 아주 오래도록 바라보게 되는 그림이었다. 병상에 누워 오랜 시간을 보내 본 사람은 알 것이다, 바깥세상을 가로막은 벽 안쪽에 갇혀 있는 느낌을. 알베르 카뮈Albert Camus의 《페스트》(1947)에서도 잘 나타나듯이, 질병은 '감옥살이', 즉 격리에 처할 때 '재앙'과 다르지 않다. 뭉크는 1868년에 어머니를, 1877년에 누나를 결핵으로 잃고 평생 폐결핵과 죽음에 대한 공포를 느꼈다. 그러나 그의 그림 속에서 생과 사, 사랑과 관능, 공포와 우수는 강렬한 색채로 표현된다.

19세기에 폐병은 '외양'으로 드러났다. 마음 내키는 대로 음식을 먹는 것은 조잡한 행위가 됐고, 병을 앓고 있는 듯한 모습이 매력적인 모습이 됐다. 〈병든 아이〉에서 소녀는 벽 저쪽의 삶보다 죽음을 더 가까이에서 느꼈기에 말없이 시선을 멀리 담고 있다. 이미 죽음의 심연을 바라보고 있는 소녀의 우수 어린 표정이 화면을 가득 채운다. 이 속에는 당대 폐결핵에 대한 은유들이 교차한다. 소녀는 힘없고 가련한 존재로 호흡이 사라져간다는 점에서 착한 천사의 이미지로 부각되며 이는 질병에 대해서도 긍정적인 이미지를 부여한다.

그런데 이 병은 동시에 정반대의 해석이 가능했다. 헨리크 입센Henrik Ibsen의 희곡 《인형의 집》(1879)에서 의사 랑크 박사는 부친이 생전에 저지른 문란한 성행위 때문에 선천적으로 척수 결핵—의학자들은 소설 속 묘사된 랑크 박사의 증상으로 보아 결핵이 아닌 매독성 척수장애라고 생각한다—에 걸리게 되고, 결국은 죽음에 이른다. 아버지의 성적 부도덕함이 아들에게 치명적인 독이 되었다는 것은 마땅히 그래야 하는 사실로 작품 전체에 투영된다. 주인공인 노라가 남편을 속이고 문서를 위조한 죄가 자녀 교육에 악영향을 미칠 것이라는 암시가 바로 아버지 때문에 얻게 된 랑크 박사의 질병을 토대로 삼고 있는 것이다. 이렇듯 부모의 부도덕함이 자녀의 도덕성은 물론 건강에까지 깊은 개연성을 부여한다. 서구 역사에서 성적인 품행은 어린이의 나쁜 행동, 성인의 폐결핵, 노인의 중풍 및 신경질환, 그리고 근력 퇴화를 초래하는 원인으로 간주되었던 것이다. 나병의 경우 부부 관계가 금지된 사순절—기독교에서 그리스도의 수난을 기념하는 교회력 절기로 40일 동안 금욕하며 지낸다—이나 축제 전야 등에 잉태된 사람에게 걸리는 것으로 생각되었다. 나병은 따라서 '죄와 가장 나쁜 것, 즉 성적인 죄'*의 산물이었다. 따라서 나병에 걸린 사람들은 가족과 사회적·물리적 환경으로부터 격리되어야 했다. 이처럼 질병은 추하고 부정한 것으로 변

---

* 자크 르 고프·니콜라스 트뤼옹, 《중세 몸의 역사》, 채계병 옮김, 이카루스미디어, 2009.

에드바르트 뭉크, 〈병든 아이〉(1897)

소녀의 눈길은 창밖 어디를 향하고 있는가?

폐결핵이 가지고 있는 함의는 극단적인 것이었다. 그림 속 우수어린 소녀처럼 순수한 이미지로 그려지는가 하면, 그와 반대로 성적으로 부도덕한 이미지로도 폐결핵이 의미화되었다.

모하면서, 병을 앓을 만한 행동을 저질렀다는 식의 은유가 생성되었다.

죄와 벌

부정적인 이미지를 부각시키면서 질병을 나쁜 행위에 대한 죗값으로 본 역사도 있다. 정신분석학 덕택에 더욱 유명해진 소포클레스의 《오이디푸스 왕》(기원전 429년 초연)을 들여다보면, 병은 죄를 지은 자에 대한 신의 처벌이었다. 자신도 모르게 친부를 죽이고 친어머니를 왕비로 삼으면서 왕이 된 오이디푸스는 그 존재 자체가 신성 모독이며, 테베에 떠도는 전염병의 근원이다. 인간이 전염병의 발생지가 된 셈이다.

전염병이 휩쓸고 있는데
아무리 생각해도 막아 낼 수단이 없구나
영광스러운 땅은 열매를 맺지 못하고
여인들은 산고보다 더한 고통에 울부짖고 있다
그리고 날쌘 날개를 가진 새처럼,
그렇다, 활활 타오르는 불보다 더 빨리 목숨은
서쪽 신의 나라 기슭으로 사라져 버린다

무수한 죽음으로 말미암아

이 도시는 멸망하고 있다. 참혹하게도 어린이들은 맨땅
에 시체로 뒹굴며

병을 퍼뜨리고 있다

젊은 아내와 백발의 노모들은

제단 층계에서 통곡하고 있다. 여기저기 한 무리씩 몰려,

그들의 슬픔을 덜어 달라고 애걸하면서…

오이디푸스는 아버지인 줄 모르고 선왕의 권력을 장
악하고 그의 아내를 차지한 후, 선왕의 살해 원인을 밝히
겠다고 선언한다. 예언자인 테레시아스는 오이디푸스에게
불리한 진실을 감추려 하지만, 그 사실을 알지 못하는 오
이디푸스가 계속해서 추궁하자 전염병에 책임이 있는 자
가 바로 오이디푸스라고 말한다. 오이디푸스는 이 말을 믿
지 않으려 하지만 그럴수록 갈등은 깊어질 뿐이다. 오이
디푸스야말로 눈을 뜨고 있지만 자신이 어디에 살고 있으
며, 누구와 살고 있는지 보지 못한다. 앞을 보지 못하는 테
레시아스가 진실을 전해도, 눈을 뜨고 있는 오이디푸스는
진실을 보지 못하므로 진실은 역설을 낳는다. 이제 자신의
선언을 이행하기 위해 스스로를 심판하는 일만 남는다. 그
는 앞을 보지만 진실을 보지 못한 데에 따른 형벌로 자신
의 눈을 찌른다. 그리고 스스로 자기 자신을 테베 땅으로

부터 쫓아내겠다고 명한다.

아버지 라이오스 왕이 아들의 손에 죽을 것이라는 신탁이 있자 신탁을 모면하기 위해 태어난 지 3일이 되었을 때 두 발에 구멍이 뚫려 묶인 채 산속에 버려진 것이 오이디푸스다. 스핑크스의 수수께끼를 풀 만큼 인간에 대해 잘 알았기 때문에 왕이 될 수 있었던 오이디푸스는 정작 자신을 둘러싼 비밀에 대해서는 알지 못했다. 이 이야기는 인간이 자신에 대해 잘 알고 있다는 착각에 대해 일깨우는 한편, 안다는 것이 항상 행복한 것만은 아니라는 사실을 보여준다. 아버지를 죽이는 순간에, 그리고 어머니와의 근친상간이 이루어지는 순간에 아버지와 어머니의 상은 파괴되었다. 그는 그의 아버지를 알아보지 못했고, 어머니와의 사이에서 태어난 자식들이 동시에 형제자매가 될 수 있다는 사실을 결코 알 수 없었다. 이 사실을 알아 가는 과정 자체가 오이디푸스로서는 파멸에 이르는 길이었다. 그것은 잔인한 현실이다. 그러나 앎을 실천하여 참회를 할 때 아버지와 어머니의 상은 비로소 회복된다.

이와 같이 모르고 저지른 죄에 대해서도 벌을 받아야 한다는 의식은 질병의 고통과 위협으로 나타났다. 질병의 발생은 그렇게 인간의 죄책감을 끌어내는 도구로 사용되었다. 결국 오이디푸스 자신이 저지른 죄를 알고 받아들이면서 죗값을 받자 국가 전체는 비로소 전염병의 피해로부

영화 〈오이디푸스 왕〉(1967) 중에서

이제부터 그대들은 어둠 속에 있거라

테베 땅에 떠도는 전염병은 아버지를 죽인 패륜과 어머니와의 근친상간을 저지른 오이디푸스 개인에 대한 천벌이었다. 그는 진실을 보지 못한 자신의 눈을 찌르고 다음과 같이 말한다. "그들은 다시는 내가 겪고 또 내가 저질러 놓은 무서운 일들을 보지 못하리라. 너무 오래 보아서는 안 될 사람들을 보아 왔고 내가 알고자 하던 일은 보지 못했다. 이제부터 그대들은 어둠 속에 있거라."

터 벗어났다. 개인의 죄가 가족에게 불행을 가져다주고 동시에 왕의 부도덕함이 국가 전체에까지 해가 미칠 수 있다는 개념은 인간이 인간으로서 지켜야 할 윤리와 책임을 저버렸을 때 갖게 되는 죄책감을 바탕으로 한다.

의도된 해석

병에 대한 이러한 시선은 《마의 산》에 나오는 계몽운동가 세템브리니의 생각과 일치한다. 육체의 해방과 아름다움, 관능의 자유, 행복과 쾌락이 추구되는 경우에 육체는 존중되고 옹호되어야 하지만, 반면 육체가 병과 죽음의 원리를 대표할 경우에는 멸시당했다.

한편, 이와 같은 인간의 부도덕함에 대한 죗값으로 전염병이 돌게 되었다는 이야기는 종교적 세계관에서 기인한 질병에 대한 두려움을 보여준다. 이로 인해 치료 방법이 전혀 없었던 전염병에 대처하기 위해 질병을 미화시키거나, 반대로 질병을 악귀로 여겨 부적을 지닌다거나 하는 등의 민간 전통이 이어졌다. 어릴 적 백일기침이 그치지 않거나 이유 없이 열이 나고 아플 때, 외할머니께서는 비방秘方을 해야 한다고 마당에 나를 세워두고 어떤 의식 같은 것을 치른 기억이 있다. 그러면 감쪽같이 기침이 멈추거나 열이 내리곤 했다. 나을 때가 되어 나은 것인지, 정말 효과가 있는 비방이었는지 알 수 없지만 정체를 알 수 없는 병이 때 맞춰 낫는 경험은 사람의 마음을 움직이기에 충분했다.

14세기에서 17세기에 돌았던 무도병舞蹈病 역시 당시로서는 정체를 알 수 없는 병이었다. 사람들로 하여금 한 번에 수천 번씩 빠르고 불규칙한 춤을 추게 하다가 결국 죽음에 이르게 만들었던 이 병은 심인병心因病으로 알려져 있었다. 당대에는 춤을 계속해서 춰야 치료되는 줄 알고 당국에서 직접 악사들을 고용해 연주를 하게 하여 밤낮으로 춤을 추도록 공식적으로 부추기기도 하였다. 이후로 주로 아이들이 걸리며 몸을 제멋대로 심하게 움직이다가 흔히 류머티스열이 동반되는 시드남 무도병Sydenham's chorea으로 명명되어 현대에 이르렀다.

한편, 질병에 대한 오독은 무지에서 온 것만이 아니라 의도된 해석을 통해 왜곡되기도 하였다. 공포 영화로도 알려져 있는 브람 스토커Bram Stoker의 소설 《드라큘라》(1897)는 여성해방운동을 주장하는 신여성*들의 불온

---

* 1880년대 이후 '신여성'이라는 칭호는 남성 의상을 입고 담배를 피우는 등의 자유분방한 행동 때문에 기존 사회나 가부장제의 문화에 위협적인 존재로 인식되었다. 특히, 여성해방운동이라는 캐치프레이즈 아래 성적인 문제에서 자기 독립성을 주장하면서 산아제한, 피임 등을 요구하여 남성적 가치는 물론 국가에 대한 도전으로 해석되었다. 무엇보다도 남성들에게는 여성이 소유물이자 재산이었기 때문이다.

정체불명의 병에 대처하는 법

14세기에서 17세기에는 얼굴과 손발이 뜻대로 조절되지 않고 저절로 심하게 움직여, 마치 춤을 추는 것 같은 무도병이 떠돌았다. 이 병은 의도적인 동작으로 보이지만, 실제로는 의지와 전혀 무관하게 행해진 것으로, 한 번

피터르 브뤼헐, 〈시냇가에서의 춤〉(연도 미상)

에 수천 번의 춤을 추다가 죽음에 이르게 했다. 당시에는 춤을 계속해서 춰야 이 병이 치료되는 줄 알고 악사들에게 돈까지 지급하면서 병에 걸린 사람들이 밤낮으로 춤을 추도록 부추겼다.

사상을 탐하는 일반 여성들에 대한 경고성 메시지로 읽을 수 있다. 하루에 세 명씩이나 되는 남자들에게 청혼을 받을 만큼 순결하고 아름다운 루시와 진실하고 착한 미나의 일기장에는 신여성에 대한 언급이 여러 번 나온다. 그녀들 또한 어느 정도 신여성운동의 물결에 영향을 받은 듯, 자유로운 성 담론에 대해 기웃거린다. 루시는 편지에서 "한 여자가 세 남자와, 아니, 그 여자를 원하는 모든 남자와 결혼할 수는 없는 걸까?"라고, 미나는 일기에서 "언젠가는 신여성 작가들이 구애를 하거나 받아들이기 전에 남자와 여자가 서로의 잠든 모습을 볼 수 있도록 해야 한다는 주장을 펼칠지도 모르겠다"고 말하고 있다.

빅토리아 시대에 여성은 제도적으로 가능한 재산이자 사유물이며, 은밀한 쾌락이었다. 따라서 여성이 엉뚱한 생각을 하거나 해서는 안 될 욕망을 품을 경우, 괴물이 탄생했다. 드라큘라는 바로 그러한 상상의 산물이다. 괴물의 은유는 신의 분노를 보여주기 위해 내리는 경고였지만, 이 것이 남성 중심적 이데올로기의 산물임은 말할 것도 없다. 성역할에 따른 격차를 무시하고 남녀평등을 주도하려는 여성들이야말로 남성적인 가치들에 대한 도전이자 위협으로 여겨졌기 때문에 여성성이 더욱 강조되었다. 남성만이 차지했던 주체의 역할을 여성과 공유해야 하는 것이 남성들에게는 두려운 일이었다. 따라서 루시의 상상은 악이나 질병에 쉽게 감염될 만한 상태로 묘사된다. 소설에서 드라큘라의 속성은 처음에 누군가가 들어오도록 허락하지 않으면—드라큘라는 "들어가게 해주시오Let me in"라고 요청한다—아무 데도 들어가지 못한다. 그러나 일단 허락을 받은 뒤에는 마음대로 드나들 수 있다. 결국 루시가 드라큘라에게 흡혈을 당하는 것도 그녀가 그를 들여놓을 만큼 의지가 약한 상태에 있었기 때문이라는 것이다.

드라큘라에게 피를 빼앗기고 감염된 후, 루시는 침상을 떠나지 못하는 환자의 신분이 된다. 육욕으로 가득 차보이는 얼굴에, 육감적인 입술과 사악하게 번득이는 눈빛, 음탕한 미소가 그녀의 얼굴 가득히 번지면서 루시는 불온하고 불길한 유혹의 존재로 변모한다. 피가 부족해지자 그동안 루시에게 청혼했던 남성들로부터 수혈을 받게 되는데, 의사인 반 헬싱 박사는 루시가 수혈 받은 사실을 그녀의 약혼자에게는 비밀로 한다. 당시에 수혈은 성적인 것으로 해석되어, 여러 남성들로부터 수혈은 받은 루시는 마치 많은 남편을 거느린 것처럼 여겨진다. 반 헬싱 박사는 흡혈귀로부터 인류의 감염 위험을 막기 위해, 그리고 루시의 이상적인 '참모습'을 보존하기 위해 루시를 죽여야 한다는 결론에 이른다. 루시를 죽이는 것이 그녀를 구원하는 길이 된다는 것인데, 공교롭게도 루시에게 구혼했던 남성들이 이에 동참한다. 그들은 영웅심 가득한 전사처럼 루시의 가슴에 말뚝을 박고, 루시는 더 이상 육욕에 찬 '악마의 모조품'이 아닌 이전의 순수한 모습을 되찾는다. "하느님이 만드신 가장 고결한 마음"으로 칭송받았던 루시는 죽음을 통해서 그 고결한 마음을 간직할 수 있다. 신여성운동에 거세게 반발한 남성들은 여성이 주체로서 쾌락을 욕망할 수도 없으며, 남성적 이데올로기를 거역해서도 안 된다는 메시지 아래, 아내와 어머니의 위치를 가장 이상적인 담론으로 구축시켰다.

한편, 샬럿 브론테Charlotte Bronte의 《제인 에어》(1847)는 일반적으로 로체스터와 제인의 낭만적인 사랑을 보여주는 여성 로맨스 소설로 알려져 있다. 그러나 로체스터에게는 오랜 시간 다락방에 갇혀 지내는 아내 버사가 있다. 로체스터는 버사가 '성적으로 불순하고 타락'했다고 말한다. 그는 자신의 아내를 병과 광기로 분한 악마로 지칭하면서, 그와 반대의 이미지를 가진 제인을 향해 "내가 가지고 싶은 것, 이 맑은 눈, 이 얼굴"이라고 묘사하며 자신의 욕망을 드러낸다. 타락한 여자로 분한 버사는 낮고 느린 웃음소리와 기괴한 중얼거림만을 늘어놓을 뿐 의미 있는 자신의 목소리를 내지 못한다. 대신 남편 로체스터의 목소리에 의해 자신의 정체성을 드러낼 뿐이다. 이처럼 여성들이 성의 주체로서 역할을 주장하거나 성욕을 드러낸다면, 질병에 걸린 환자로 그리고 사회적 타자로 취

NBC TV 시리즈 〈드라큘라〉(2013) 중에서

남성화된 매력적이고 섹슈얼한 드라큘라

소설 원작에서 드라큘라는 주로 악마와 적의 이미지로 나타나지만 영국 최고의 미인 루시의 피를 빠는 모습은 격렬한 사랑을 나누는 듯 섹슈얼하게 그려진다. 신사임을 자부하고 성을 억압하던 영국 남성들에게 루시를 마음대로 하는 드라큘라는 질투와 복수심을 일으키는 연적戀敵이나 다름없다. 영화에서는 그런 이미지를 크게 부각시켜 멋지고 남자다운, 섹슈얼한 드라큘라가 그려진다.

급되어 격리되거나 '죽어야 사는' 존재가 되었다. 이 이상한 논리가 여성을 사회로부터 소외시키기 위한 전략이던 것은 두말할 필요 없다.

질병의 사회문화사

19세기 문화에는 질병 상태에서 죽음에 이르는 여성을 고결한 여성의 아이콘으로 만들면서 여성 억압을 성취하려는 위험한 판타지가 존재했다. 결과적으로 그러한 이미지들이 여성을 사회에서 소외시키는 데 한 발 더 나아가게끔 하였다.

브람 데이크스트라

환자가 된다는 것은 환자뿐만 아니라 타인에게 해롭고, 달갑지 않으며, 사회적으로 평가절하되는 존재가 되는 것이다.

조르주 캉길렘, 《정상적인 것과 병리적인 것》

그녀에게 생긴 일

앞 장에서 소개한 《제인 에어》로 널리 알려져 있는 작가 샬럿 브론테는 1853년에 《빌레트》라는 소설을 출간했다. 그녀의 집안이 살던 잉글랜드의 웨스트요크셔 주의 하워스 지역 교구민의 사망률이 아주 높았다. 여섯 살 이전의 사망률만 해도 41퍼센트에 달했다. 하워스 지역의 이런 특성과 브론테 집안의 가족사적 비극이 합쳐져 브론테 가족은 잇따른 죽음을 경험했다. 엄마는 자궁암으로 38세에, 샬럿의 언니 마리아와 엘리자베스는 각각 11세와 10세의 나이에 죽었다. 남아 있던 브랜웰과 에밀리, 앤, 샬럿에게 가족의 죽음은 여러모로 영향을 미칠 수밖에 없었을 것이라고 추측할 수 있다. 가족의 잇따른 죽음으로 샬럿은 가족을 잃은 고통을 느꼈을 뿐만 아니라 세계를 인식하는 방식에까지 영향을 받았다. 그리고 오빠인 브랜웰과 언니 에밀리 그리고 동생 앤이 폐결핵으로 잇따라 사망하면서 샬럿만이 유일하게 살아남는다. 이런 가족사적 비극의 영향을 받아 샬럿의 소설 전반에 질병 재현이 잘 나타난다.

《빌레트》에는 미스 마치몬트라고 하는 독신녀가 나온다. 그녀는 류머티즘 불구가 된 후, 손과 발을 사용하는 것이 '불능'해 침실과 거실 단 두 개의 방으로 축소된 세계에 살고 있다. 20년 동안이나 그런 상태로 늘 2층에 앉아 있었다. 빅토리아 시대의 병실은 개인적·정신적 혹은 사회적 회복 여부를 두고 쟁점이 되는 곳이었다. 따라서 가장 전형적으로 자아의 온상을 제공하는 곳이기도 하였다. 미스 마치몬트가 머무는 방은 바로 그러한 병실의 풍경을 재현한다.

그녀의 얼굴은 주름투성이고 머리는 회색이었으며, 고독으로 인해 침울했다. 그리고 오랜 고통으로 인해 완고하고 신경질적으로 보였으며 엄격한 모습이다. 나는 앞에서 '불능'이라는 단어를 사용하였다. 이 단어는 소설 원문에서 'impotent'로, 문맥상 '손과 발을 쓸 수가 없어'로 번역될 수 있다. 그러나 이 단어가 가지고 있는 함의 때문에

'불능'으로 옮긴 것이다. 병중일 뿐만 아니라 사회적으로도 '유효하지 않은' 여성이라는 점을 브론테가 강조하고 있기 때문이다.

미스 마치몬트에게는 결혼을 약속한 약혼자가 있었다. 그가 사고로 갑자기 죽자, 기혼 여성으로서의 미래를 기대했던 미스 마치몬트는 새로운 국면에 서게 된다. 그러나 받아들여야 하는 현실과 화해하지 못하면서 병에 걸리고 만다. 독신 여성으로서의 새로운 정체성을 되찾지 못하면서 겪은 내적인 갈등이 그녀의 건강을 약화시킨 것이다. 미스 마치몬트가 꿈꾼 기혼 여성으로서의 삶에 대한 기대와 독신 여성으로 살아가야 할 운명 사이에는 너무나 큰 불일치가 존재했다. 약혼하지 않은 소녀 시절의 순수한 상태로 되돌아갈 수도, 과부의 상태를 주장할 수도 없었다. 그 어느 쪽에도 속할 수 없기 때문에 그녀는 '병약한' 여성으로 축소된다. 그녀는 그녀가 처한 모순들에 대해 현실적으로 직면하는 대신 이를 회피하면서 자신의 위치를 유보한다. 그러나 환자가 된다는 것은 환자뿐만 아니라 "타인에게 해롭고, 달갑지 않으며, 사회적으로 평가절하되는 존재가 되는 것"*을 의미한다.

---

*   조르주 캉길렘, 《정상적인 것과 병리적인 것》, 여인석 옮김, 인간사랑, 2018, 141쪽 참조.

바론 유르겐스부르크, 〈병든 여인의 옆에서〉(1865)

방으로 축소된 세계에서의 협소한 삶

병상의 삶은 사회적으로 어떤 역할 기대도 받지 않는, 유효하지 않은 사람
이 된다는 것을 의미한다.

일거리가 필요해 미스 마치몬트를 돌보는 일을 맡게 된 소설의 화자이자 주인공인 루시 역시 유효하지 않은 협소한 생활 세계로 들어간다. 미스 마치몬트의 닫힌 두 방이 루시 자신의 세계가 되었고, 늙은 불구의 미스 마치몬트가 루시의 모든 것이 되었다. 병실의 수증기 낀 창문 너머로 들판과 숲과 강과 바다와 시시각각 변화하는 하늘이 있다는 사실 자체를 잊었고 그러한 망각에 거의 만족한 상태가 된다. 루시의 내면 모든 것이 운명에 맞추어 협소해졌다. 그런 자신의 운명에 단련이 되고 익숙해지면서 루시는 더 이상 산책을 원하지도 않게 되었으며, 병자에게 제공되는 것과 같은 소량의 식사만으로도 배가 부르다고 느끼게 되었다.

결국 병을 극복하지 못하면서, 미스 마치몬트는 자기 자신뿐만 아니라 그녀를 돌보는 루시까지 사회적으로 유효하지 않은 여성으로 만든 셈이다. 이렇게 여성에 대해 사회적으로 규정하고 있는 결혼과 어머니의 역할과는 상충되는 극적인 삶을 살면서, 미스 마치몬트는 외부 사회가 그녀에게 기대했던 역할을 저버렸으며, 결과적으로 사회적으로도 고립되었다.

19세기는 다른 어떤 시기보다 여성의 몸에 관심이 집중된 시기였다. 여성의 행동에 대해 감시와 훈육이 행해졌으며 여성의 몸 또한 통제되었다. 질병 또한 마찬가지로 사회질서가 규범화한 정상과 비정상성의 틀 속에서 해석되었다. 그리고 시선의 권력이 팽배한 의학의 시대였다. 질병이란 병중인 사람을 사회적 공간과 어울릴 수 없는 존재로, 의학적 지식은 '건강'보다 '정상'의 문제에 더 큰 관심을 보이게 되었다. 의학은 신체 기능에 이상이 없다는 개인적 차원의 건강뿐만 아니라 사회적인 차원에서 '정상'과 병리학적 상태까지 고려해야만 했다. 이것은 마침내 사회적 규범 안에서 긍정성과 부정성의 모습이면서 마치 선과 악의 양면으로 자리하는 듯했다.

따라서 하나의 몸에 흐르는 다양한 증상과 징후가 비정상 혹은 정상으로 나뉘면서 체계적인 감시와 훈육이 이루어졌다. 그리고 비정상으로 진단되는 즉시 여성의 고유한 역할이 박탈되는 것은 물론, 사회적으로도 격리되었다. 여성은 주로 종교와 과학, 예술과 같은 문화적 제도에 의해 정체성이 형성되었는데, 그렇게 해서 신체는 문화적 몸으로 재창조되었다. 그러나 일단 아프면 문화적인 몸은 무색해지고, 사회적·심리적 상호관계뿐만 아니라 개인적·제도적 감시가 가부장적 이데올로기에 맞춰 가동된다. 비정상적인 몸으로 판정되면 감시의 작동은 멈추고 환자는 예외적 인간이 된다. 미스 마치몬트는 자신이 다시는 건강해지지 못할 것이라고 생각한다.

어느 날 밤 미스 마치몬트는 과거에 대한 이야기를 했는데, 약혼자의 사고사에 관한 장면 하나하나, 그리고 인물들을 기이할 정도로 생생하게 기억해냈다. 그리고 사랑하는 사람에게 되돌아갈 수 있다는 확신을 가지며 죽음에 이른다. 죽기 전 그녀는 자신이 열두 달의 축복 끝에 30년의 벌을 받았다고 말한다. 30년 전에 일어난 약혼자의 사고 이후 쭉 고통을 겪으면서, 슬픔에 잠긴 이기적인 여자가 되었다는 것이다. 그리고 아픈 이후로는 병실이 된 그녀의 방에서 환자 이전의 상태로 복원할 만한 어떠한 전환점도 마련하지 못한다. 그러나 죽기 전 깨달은 듯 "우리의 운명이 무엇이든 그것을 받아들여야 하고 다른 사람의 운명을 행복하게 해주도록 애써야 해. 그렇지 않니? 좋아, 우선 내일 널 행복하게 해줄게"라고 말한다. 미스 마치몬트는 루시에게 유산을 남기려 한 것이다. 그러나 바로 그날 밤 그녀가 죽었기 때문에 계획은 이행되지 못하고, 루시는 다시금 새로운 운명의 기회를 찾아나서야 했다.

새로운 세계

루시 또한 병을 앓는다. 그녀는 미스 마치몬트가 죽은 후, 과거의 벨기에로 알려져 있는 라바스쿠르로 떠나, 그곳의 가상 도시 빌레트에서 새로운 삶을 시작한다. 여학교에 취직한 루시는 육체적으로 원기 왕성하지만 도덕적으로는 건강하지 않은 빌레트의 여학생들과 어떠한 우정

관계도 형성하지 못한 채 자신만 통제하고 억압한다. 그녀가 지켜본 여학생들은 거짓말을 일삼고 속임수를 쓰거나 또는 너무 쉽게 속마음을 고백하는, 자기 권위라고는 전혀 없는 위험한 존재들이다. 이러한 여학생들에 대해 우월감은 갖는 루시지만, 결국에는 이들에 대한 자신의 차별성을 스스로 실천하고자 더욱더 자신을 억누른다. 마침내 자신이 억누른 욕망과 감정적·성적 욕구가 히스테리로 이어져 감정이 폭발한다. 그녀는 무엇보다 고독했으며, 자신의 마음 둘 곳을 몰라 병이 나고 만다.

그런 그녀의 아픈 몸은 영국 출신인 이방인이라는 이유로 이전까지 여학교의 교장에게 받던 감시의 통제로부터 벗어난다. 이는 감시의 통제 밖에 놓이는 동시에 사회 통제를 피할 수 있는 기회이기도 했다. 임시적이기는 하지만 질병이 그녀를 문화적으로 불능한 상태로 만들어놓은 것이다. 그녀의 몸은 미스 마치몬트의 몸과 마찬가지로 여성으로서 아내와 어머니의 운명을 여성답게 수행할 수가 없는 비정상적인 것으로 간주된다. 이러한 사회적·문화적 시선이 미스 마치몬트의 경우와 꼭 같이 그녀를 허약하게 만들어놓는다. 이것은 빅토리아 시대가 여성 억압에 있어 최고조에 달한 시기였기 때문이기도 한데, 오히려 그러한 사회 통제로부터 벗어나 자신의 정체성을 확립할 수 있는 계기를 마련하기도 했다. '실용적인' 젊은 의사 존은 그녀의 증상을 '신경성 열병'이라고 진단한다. 존의 결정 사항에 따라 루시는 휴식과 기분전환을 하기 위해 모든 업무에서 손을 뗀다.

미스 마치몬트와 대조적으로 루시가 경험한 자아 붕괴와 신체에 대한 경험 그리고 고통 속의 몸은 그동안 그녀가 가지고 있던 의식 전부를 바꾸어놓는다. 통제 밖에 놓인 그녀는 오히려 문화적 통제, 즉 여성에 대한 이상과 가치 그리고 역할을 분석할 기회를 얻는다. 어느 날 미술관에 갔다가 만난 폴 에마뉘엘 선생은 〈클레오파트라〉 그림을 보고 있던 루시에게 "처녀들이 봐서는 안 되는 것"을 보고 있다며, 〈여자의 일생〉이라는 그림 앞으로 데려간다. 폴은 〈클레오파트라〉에 대해 "내 아내나 딸이나 누이로 삼고 싶은 여자는 아니오. 다시 그 옆에 가 단 한 번이라도 더 보아서는 안 되오"라고 말하면서 〈여자의 일생〉을 볼 것을 권한다. 〈여자의 일생〉은 마치 이상적인 여성상을 계몽하려는 의도로 그려진 듯한 네 개 그림으로, 첫 번째 그림은 기도서를 손에 들고 교회 문밖으로 나오는 '젊은 처녀', 두 번째 그림은 길고 흰 베일을 쓰고 자기 방 기도대에서 무릎을 꿇고 기도하는 신부의 모습, 세 번째 그림은 젊은 아기 엄마로 병든 아기를 수심에 차서 바라보는 모습이다. 네 번째 그림은 상복을 입은 미망인으로, 역시 상복 차림의 어린 딸의 손을 잡고 있다.

기도서를 들고 교회 문밖으로 나오는 젊은 처녀는 옷을 매우 깔끔하게 입고 눈을 내리깔고 있었으며 입은 꼭 다물고 있다. 루시가 볼 때 그녀는 '아주 가증스럽고 조숙한 위선자'였다. 자기 방의 기도대에서 무릎을 꿇고 기도하는 신부는 '분통이 터진 것처럼 흰자위를 드러내고' 있다. 그녀는 이 네 명의 여자들이 도둑처럼 음울하고 불순하며, 유령처럼 냉담하고 무미건조하다고 생각한다. 진지하지도 않고 유머감각도 없으며 생각이 깊지도 않은 '날조물'들이었다. 보수적인 여학교 선생인 폴이지만 그녀는 "죄송하지만, 선생님. 저 여자들은 너무나 소름끼쳐요. 저 여자들을 우러러보신다면 제가 자리를 양보해드릴 테니 여기서 보세요"라고 말할 수 있게 된다. 이로써 문화적으로 부여된 가치보다 그녀의 내적 가치를 유지하려는 자기정체성을 재구성하는 계기를 마련한다. 따라서 루시의 증상을 '비정상' 혹은 '정상'의 경계 어느 한 쪽으로 놓는다면 이는 모순이다. 그녀는 질병이라는 경험을 통해 오히려 자기 식의 이성理性에 기대어 내적 발달을 이루었기 때문이다.

빅토리아 시대의 경제철학 안에서 자기 통제란 '도덕적 관리자의 감시어'였다. 그러나 당시 대중의학지에는 꿈과 유령 그리고 통제에 반항하는 무의식적 마음의 작동 등을 탐구한 논문과 이야기의 수가 급증하였고 기하급수적으로 증가하는 정신이상의 사례를 다룬 놀라운 기사들로 가득했다. 신경 질환이 멈추지 않고 증가하는 데 대한 사회적 공포가 19세기 중반에 고조되었던 것이다. 그리고 제정신과 정신이상 사이에 미묘하게 구분되는 선을 어떻게 그릴 것이냐 하는 질문이 언론의 관심을 자주 받았다. 일상 세계를 살아간다는 것과 위험적인 감시의 대상이 된다는 것 사이에 분명하지 않은 의학적·사회적 판단이 따랐다.

만성적 질병은 삶의 일부로 개인의 삶 속에 지속적으로 흐르는 것이다. 루시 또한 개념화된 평균적 정상성으로서의 건강을 회복한 것이 아니라 스스로 변화시킨 삶 속에 자신의 상황을 수용하고 다독일 수 있게 되었을 따름이다. 비록 두려움 때문에 헛된 상상을 할 때도 있었고 사랑하게 된 폴을 기다리는 세월이 괴롭기도 했지만, 축 늘어져 있을 수는 없었다. 그녀의 삶이 동요할 일을 겪지 않았을 뿐 '정상'으로 돌아간 것은 아니다. 어쨌거나 살아야 할 이유가 되는 일을 가지고 있었고, 그동안에 거의 모든 일이 즐거웠으며 사소한 일에 대해서도 매력을 느낄 수 있었다.

따라서 질병은 정상과 비정상의 문제가 아니라 반성과 분석을 위한 시간을 갖게 함으로써 자신에 대한 더 많은 인식을 할 수 있는 기회를 부여한다. 더 중요한 것은 질병을 통해 실질적 몸을 경험함으로써 문화 속에서 인정된 자아의 개념에 급진적으로 도전하는 과정이다. 질병을 담은 몸은 자신이 아닌 타자의 존재처럼 나에게 대상이 된다. 이로

파울 퓌르스트, 〈로마의 닥터 슈나벨〉(1656)

공공의 적으로서의 질병

페스트 의사들은 새부리 모양의 긴 코에 둥근 안경이 일체화된 가면과 모자, 긴 가죽 외투 그리고 장갑을 착용했다. 이렇게 해서 호흡을 통해 감염될지 모를 페스트균의 병원체로부터 거리를 유지할 수 있었다. 19세기 후반이 되자 과학자들은 전염병이 아닌 병에 걸린 사람들에게 접근하는 것조차 위험하다고 말하기 시작했다. 1877년 이후에는 무지한 민중들뿐만 아니라 의사들까지도 병원균의 공포에 사로잡혀 있었다. (스티븐 컨, 《육체의 문화사》 중에서)

써 나와 타자, 안과 밖의 대립이 존재하면서도 이 경계는 일상 세계를 살아가는 루시에게 희미한 흔적일 뿐이다. 프랑스 철학자 조르주 캉길렘George Canguillem도 지적했듯이, 건강은 불확실한 환경을 수용해낼 수 있는 여지이다. 제도들은 일시적이고, 규약들은 쉽게 폐기되고, 유행이 번갯불처럼 빠르게 지나가는 인간의 사회적 환경은 불확실하다.

윙 비들봄의 손

여성은 본성 자체가 불안정하고 우유부단하여 쉽게 신경쇠약에 걸리다가 병적인 상태가 된다고 여겨졌다. 여성의 몸 자체가 비정상을 담고 있는 그릇이었다. 여성 전반에 대한 사회적·문화적 해석이 이러하기에 사회 집단적인 공포증은 사회를 병리 상태로 규정하면서 그 기준에 맞춰 개인의 행동과 언어를 해석하고 진단하도록 한다. 기준에서 벗어난 개인은 근절해야 하는 위험인자로 색출당하여 폭력을 겪어야 한다고 보는 것이다.

병리학이라는 개념은 병에 대한 이론이었다가 비정상적 상태 자체를 의미하게 되었다. 진단을 통해, 그리고 "잘못된 신체 발전 과정"*을 가리킨다. 이것은 특히 정신

---

* 악셀 호네트, 《정의의 타자》, 문성훈 외 옮김, 나남, 2009, 72쪽.

적 장애에 적용될 때 문제가 된다. 정신적 장애라 함은 구조적으로 정의되어 있는 정상성의 기능 외에 사회적 조건들과 관련된다. 사회적 조건들은 어떤 시기에 유행하는 이데올로기와 상호작용을 일으켜서 하나의 편집증적인 상상력을 만들어낼 수 있다. 그것은 집단 무의식 속에 잠복해 있다가 어떤 조건이 충족되는 순간 집단적인 공포심을 유발한다. 셔우드 앤더슨Sherwood Anderson의 《와인즈버그, 오하이오》(1919)는 프로이트의 정신분석학이 유행하기 시작한 시기에 '성性'에 대한 편집증을 가진 집단 무의식을 잘 보여준다.

윙 비들봄에게는 손에 대한 트라우마가 있다. 의식적으로 두 손을 바지 주머니 속에 깊숙이 찔러 넣고는 자신의 과거를 숨기려고 한다. 사람들은 전혀 알지 못했지만, 그의 손은 그의 죄의식을 그대로 투영하고 있다. 애돌프 마이어스라는 이름으로 펜실베이니아 주의 읍 소재 교사였던 그는 아이들로부터 사랑을 받는 자신의 직업을 천직으로 여기는 사람이었다. 아이들의 어깨를 쓰다듬고 헝클어진 머리들을 매만져주던 그의 손은 어린아이들의 마음속에 꿈을 심어 주려는 교사의 노력 중 하나였다.

그러나 그의 감정을 언어가 아니라 풍부하고 애무하는 것 같은 손짓을 통해 표현하였기 때문에 그의 손은 비극의 모티프가 된다. 모자라는 한 아이가 애돌프 마이어스에게 열광하여 잠을 자다가 입에 담을 수 없는 상상을 꿈으로 꾸고는 사실인 것처럼 지껄였던 것이다. 다른 아이들까지 끌려 나가 질문 세례를 받게 되고, 아이들은 '자백'이라는 것을 하게 된다. 아이들의 자백에서 그의 손길은 "아이의 몸을 감는" 것으로, 그리고 "머리카락을 희롱한" 것으로 해석되었다. 이 이야기를 들은 한 아이의 아버지가 학교에 쳐들어와 애돌프 마이어스에게 주먹질하고 발길질을 한 데 이어, 집으로 쫓아온 주민들로부터 욕설을 듣고 막대기와 진흙덩이 세례까지 받는다. 그는 거의 쫓겨나다시피 펜실베이니아 주를 떠난다.

이렇게 해서 20년 동안 그는 와인즈버그에서 혼자 살았다. 마흔밖에 안 되었지만 65세는 되어 보이는 것도 오랫동안 마음고생을 했기 때문이다. 그는 애돌프 마이어스라는 이름을 버리고 윙 비들봄이라는 이름으로 살아갔다. '비들봄'은 지나던 화물역의 상품 상자에서 따온 것이다. '윙(날개)'이라는 이름은 마치 새장에 갇힌 새가 날개를 치는 것과 같이 쉴 새 없이 움직이는 손짓 때문에 붙여진 이름이다. 그 일을 겪은 후 윙 비들봄은 꼬박 일 년이나 앓아누웠다. 병이 나은 후 날품팔이를 했지만, 겁을 먹고 여기저기 돌아다니며 언제나 자신의 두 손을 감추려고 애썼다. 그는 어째서 그런 일이 일어났는지 이해하지 못했다. 그저 자신의 손이 문제였다는 정도만 알았다. 학교로

니콜라 드 라르질리에르, 〈손의 습작〉(17세기경)

절대로 손을 내놓지 마라

윙 비들봄이라는 이름의 '윙(날개)'은 마치 새장에 갇힌 새가 날개를 치는 것과 같이 쉴 새 없이 움직이는 손짓 때문에 붙여진 이름이다.

쫓아왔던 남자가 "손을 내놓지 마라"고 했던 말로 그의 손은 윙 비들봄 자신을 두렵게 만드는 주범이 되었다.

그러나 그는 말보다 손짓으로 더 많은 이야기를 하는 사람이다. 언제나 활발히 움직이면서도 항상 호주머니 속이나 등 뒤로 숨으려고 애썼지만 언제든지 앞으로 나와 제대로 표현하고 싶었다. 손이 오히려 손의 주인을 놀라게 했다. 그는 두 주먹을 꽉 쥐거나 벽을 두들겨야 편했다. 애정을 담은 순수했던 그의 손은 성적으로 불순한 의도를 가진 것으로 여겨졌기 때문에 스스로도 어느새 억압해야 할 것이 되었다. 그로 인해 윙 비들봄은 의식적으로 자신의 손을 감추어야 하는 신경증 환자가 되었다. 그러나 그가 정상적인 사람인지 혹은 이상한 사람인지를 정할 만한 기준은 상당히 애매하다. 집단적인 공포심이 그의 손짓을 성적 희롱으로 해석하는 시대가 되면서 그는 돌연 위험한 사람이 되었다. 혹은 당시에 영향을 미친 프로이트의 정신분석학대로, 윙 비들봄이 인식하지 못하는 자신의 내면 활동 속에 성적인 것이 개입되어 있었는지는 알 수 없다. 무의식은 말 그대로 각성되지 않은, 자기 자신도 통제할 수 없는 심적 활동이니 말이다. 분명한 것은 의식되지 않은 무의식이 그의 운명이 되었다는 것이다.

그러나 어떤 사람의 시선이나 목소리가 주는 음색을 통해, 그리고 단순히 그 사람이 같은 공간에 물리적으로 존재한다는 사실을 통해 고양되는 느낌을 받을 수도 있다. 흥분을 느낄 수도 있고, 차분하게 마음이 가라앉기도 한다. 독일의 사회학자 게오르그 짐멜Georg Simmel은 내가 다른 사람의 감각 인상에 대해 이 같은 감정을 가지고 반응하는 것은 사실 그 사람 자체와는 무관한 일이라고 지적했다. 애돌프 마이어스 자체와는 무관한 아이의 상상이 사실로 변모하고 진리로 굳어졌을 가능성도 있다. 그러나 놀란 부모들은 그의 손놀림을 성적 희롱(소설 텍스트에는 한 번도 '성적 희롱'이란 말이 언급되어 있지 않지만)으로 합의하기에 이른다. 그들의 합의 속에는 애돌프 마이어스의 애정 어린 손길과 성적 희롱이라는 양극의 경계를 비정상적인 장애로 확정지으려는 메커니즘이 가동되었다고 볼 수도 있다. 비들봄의 손놀림이 사랑이지 권위가 아니었다 해도 그것은 중요하지 않다. 그의 손은 바로 성희롱의 표상이며 죄의 근원일 뿐이다.

병리 현상에 대한 규정은 사회적 조건들과 관련해서 이루어진다. 애돌프 마이어스의 손놀림이 그의 학생들에 대한 애정에서 성적 희롱으로 변하는 순간은 앞서 언급한 지식 탐구—프로이트의 무의식—와 무관하지 않다. 즉 개인의 표상된 행위를 어떻게 진단·규명할 것인지는 사회적 풍조를 이루는 조건들과 연루된다. 사회적 조건은 거꾸로 개인의 삶에 깊이 침투한다. 개인이 내보이는 어떤 행동은 의구심에서 확신으로, 그리고 마침내 진리가 된다. 마을 사람들이 애돌프 마이어스에게 품고 있던 숨겨진 의혹은 전기를 통한 것처럼 갑자기 확신으로 변했다. 셔우드 앤더슨은 가상의 도시 와인즈버그를 만들고, 무수히 많은 진리와 그 진리에 순응해서 살아가려고 하는 사람들을 등장시킨다. 진리란 무엇인가. 어떤 행동을 매끈하게 '무엇'이라고 단정 짓는 방식의 의미화 과정에 따라 전혀 다른 반향이 일어날 수 있다. 애돌프 마이어스 식의 헌신이 더 이상 순수하게 비치지 않는 현대라는 불확실한 세계성의 문이 열린 것이다. 그 변화를 인식할 수 없었던 윙 비들봄은 결국 순진하고 무방비한 한 마리 짐승이 덫에 걸리듯 막다른 처지로 내몰리고 말았다.

법의 개입과 개인의 선택

앞 장에서 살펴보았던 입센의 《인형의 집》에서, 노라의 남편은 건강상의 문제로 요양을 권유받고 이탈리아로 떠난다. 한때 사람들은 질병에 걸리면 휴식과 자연 치유에 주로 의존했다. 특히 19세기에는 환자에게 좋은 장소가 특별히 따로 존재한다고 생각했다. 따라서 공기 좋은 곳으로 환경을 바꾸어 안정을 취하는 것을 우선시했다. 그러나 전염병이 발생하면서 질병이 국가에 위협이 될 수도 있다는 관념이 생겨났다. 이에 따라 위생 관념에 대대적인 변화가 일어나고 격리 치료를 목적으로 하는 요양소의 발전이 이루어지게 되었다. 전염병은 병원이나 요양소에서 집중적으로 치료해야 할 격리 대상으로 여겨졌다. 전염병과 마찬가지로 정신질환 또한 전염될 수 있다는 관념이 유행하였다. 이후 제1차 세계대전의 여파로 우울증을 호소하는 사람들이 늘어났다. 국가와 법은 이에 적극적으로 개입하여 우울증을 격리가 필요한 병으로 정의 내렸고 치료가 필요하다는 명목 아래 사람들은 요양소로 격리되었다. 클라리사 댈러웨이*의 친구, 휴의 아내는 친한 친구가 전쟁에서 아들을 잃은 슬픔으로 괴로워하는 모습을 지켜보다가 자신도 우울증을 겪는다. 휴는 "슬픔이 전염됐나 봐요"라고 말한다. 우울증과 같은 감정 상태가 전염성이 있다는 빅토리아 시대의 생각은 이때까지도 영향을 미친다.

미셸 푸코는 《임상의학의 탄생》에서 질병에 대해 국가 권력이 개인의 주체 형성 문제에 개입하는 데 있어 지식이 변화해가는 과정에 주목한다. 질병은 국민 전체의 건강에 위협적인 존재로 인식되고, 국가 차원에서 관리해야 하는 문제로 여겨진다. 이때 개인성의 지표보다 사회 전체의 건강과 행복이라는 기준이 우선시됨은 물론이다. 전후戰後 영국사

---

* 버지니아 울프의 《댈러웨이 부인》(1925)의 주인공.

회에서 사랑하는 가족과 친구를 잃는 불행을 겪었더라도 국가 영웅주의의 명제 아래서 개인적인 슬픔과 고통을 억제하는 것이 미덕으로 여겨졌다.

버지니아 울프Virginia Woolf의 《댈러웨이 부인》(1925)에는 제1차 세계대전에 참전하고 돌아와 전쟁 후유증에 시달리는 셉티머스 워렌 스미스라는 인물이 등장한다. 그는 자신만의 침묵 속으로 들어가 사람들이 평준화시키는 전쟁에 대한 평가를 듣지 못한다. 그는 소위 사람들이 합리화시킨 '저지른 적도 없는 죄' 때문에 고통스럽다. 국가는 전쟁의 살상을 '어쩔 수 없는 상황'으로 합리화하고 있었지만 셉티머스 같은 개인의 삶은 파괴되었다. 세상의 소음을 차단한 채 침묵하고 있는 셉티머스는 죽어가던 친구 에반스의 절규가 떠올라 도무지 견딜 수가 없다. 국가가 개인을 억압하는 사회에서 개인의 감정이란 무가치하게 취급된다. 이에 상응하여 국민은 서로 다른 욕구와 어려움을 가진 개인으로 인정되지 못하고 국가가 지향하는 목표 집단의 구성원으로 취급되어 전체를 구성하는 평균적 인간으로만 여겨질 뿐이다.

의사 윌리엄 경은 환자들에게 45분을 할애한다. 만일 신경 체계나 인간의 뇌 같은 이 까다로운 학문에서 의사인 자신이 균형감각을 잃어버린다면 그는 직업적인 실패를 하게 될 것이었다. 그는 균형감각을 신처럼 떠받들었다. 그러므로 어떤 사람이 진료실에 들어와 자기가 예수라고, 전할 말이 있다고 하면서 죽어버리겠다고 위협한다면, 균형 감각을 일깨워야 한다. 윌리엄 경이 볼 때 친구들도, 책도, 메시지도 없이, 침대에서 여섯 달쯤 안정하면 45킬로그램이었던 사람이 77킬로그램까지 될 수 있을 것이었다.

윌리엄 경은 셉티머스를 보는 순간 곧바로 확신한다. 완전한 신경쇠약, 육체적·정신적으로 극심한 쇠약이 상당히 진행된 단계의 모든 징후를 보이는 중증 상태라고 말이다. 그는 이야기를 나눈 후, 합리적인 언어를 찾아 명확하게 진단한다. 윌리엄 경이 바라볼 때, 셉티머스는 돌아다니게 내버려두어서는 안 되었다. 그러나 셉티머스는 자신의 두통과 악몽, 공포에서 비롯되는 충동적인 감정들이 자신의 문제라고 말한다. 이에 대해 윌리엄 경은 셉티머스의 병명이 완전한 휴식을 요하는 "균형감 상실"이라고 말한다. "미쳤다"는 말을 쓰는 대신 "균형 감각이 없다"고 부르고 있었다. 그는 셉티머스의 아내 루크레치아에게 "아플 때는 사랑하는 사람들과 함께 있는 것이 별로 좋지 않아요"라고 충고하고, 셉티머스에게 "당신을 요양소에 데려가도록 조처해놓겠다"면서 "거기서 당신이 안정하는 법을 가르쳐주겠다"고 말한다. 그러나 요양소에 가야 한다는 말에 셉티머스는 "나는 내 죄를 고백했는데 왜 나를 놔주지 않죠?"라고 했고, 루크레치아조차 "나쁜 일이라고는 한 적이 없어요"라고 주장한다. 셉티머스와 루크레치아는 마치 자신들이 죗값을 치르기 위해 요양소에 가는 것처럼 받아들인다. 요양소에 가고 싶지 않은 셉티머스를 굳이 보내려고 하는 윌리엄 경은 "다 저를 믿고 맡기십시오"라고 한다.

그의 목소리에는 권위가 배어 있다. 신경증을 다루는데 있어서는 명성이 가장 중요했다. 그는 이미 쇄도하는 환자들로 피곤하였고, 직업에 따르는 책임과 특권에 대해서도 부담을 느꼈다. 그러나 그러한 피곤함이 그에게 특별한 위엄을 더해주었고, 명의로서의 명성을 한층 높여주고 있었다. 그는 루크레치아에게 수군수군 자신이 모든 준비를 하겠다고 말했지만, 루크레치아는 평생 그렇게 괴로웠던 적이 없으며 남편뿐만 아니라 자신까지 버림받았다고 생각한다.

그러나 셉티머스의 광기는 죄를 저질렀을 때처럼 감시를 붙여야 할 대상이 된다. 그는 외부 세계에서 요구되는 유형의 삶을 살 수 없는, 그렇게 살 용의가 없는 무능력자로 진단받은 것이다. 요양을 개인적으로 떠났던 시대와 달리, 이제는 사회적 관리 체제하에 한곳에 수용되어 감시당해야 한다. 윌리엄 경의 관찰 범위에 놓인 셉티머스는 자신이 의사의 손아귀에 있다고 생각한다. 세상은 자신을 향해 "죽어, 죽어, 우리를 위해서"라고 외치는 것만 같다. 자신을 데리러 올 것이라는 사실에 두려웠던 그는 마침내

영화 〈댈러웨이 부인〉(1997) 중에서

저는 죄를 지었습니다

국가 영웅주의에서 보면, 셉티머스는 저지른 죄가 없다. 그는 정당하게 국가를 위해 참전한 것이다. 그러나 셉티머스 개인으로서는 적군이라는 익명의 개인을 향해 총구를 들이대는 죄를 저지른 것이다. 이런 셉티머스에 대해 윌리엄 경은 결코 자신은 "미쳤다"는 말을 쓰지 않으며, 단지 "균형 감각이 없다고 부른다"고 했다. 그는 셉티머스에게 "당신이 요양소에 가야 한다는 데 합의했습니다. 거기서 당신이 안정하는 법을 가르쳐 드리지요"라고 말한다.

"옜다, 봐라!"라고 외치며 창밖으로 몸을 던진다.

셉티머스의 치료 거부는 사회에 대한 날카로운 인식이자 해석으로 읽힌다. 20세기가 되어도 영국의 지배 논리는 19세기 빅토리아 시대의 사상인 다윈주의Darwinism에서 벗어나지 못하여 적자생존법칙이 여전히 영향을 끼치고 있었다. 전쟁이 끝났음을 계속해서 각인시키는 클라리사 댈러웨이와 대조적으로 "세상이 휘청거리고 부들부들 떨면서 확 타오르려고 위협하고 있다"고 생각하는 셉티머스는 '제정신이 아닌' 존재로 사회의 관찰 대상이 된다. 사회가 볼 때 클라리사는 정상적인 진실을 바라보고 있으며 셉티머스는 비정상적인 진실만을 바라보고 있다. 그러나 정상으로 분류된 클라리사조차 자살 충동을 경험한 적이 있다. 그런 그녀에게 자살한 셉티머스는 자신의 또 다른 자아와 마찬가지의 일체감으로 다가온다. 이렇게 보았을 때 미셸 푸코의 '광기에 이성이 있으며 모든 이성에 광기가 있다'는 주장은 제정신과 제정신이 아닌 상태의 구분을 희미하게 남겨놓는다.

셉티머스는 제정신이 아니지만 그런 자신이 사회에서 버림받았다고 생각한다. 자신의 선택 따위는 소용없고 "해야 한다"고만 강요하는 사회와 법의 체제에 대해, 자신이 겪은 고통에 대해, 그리고 광인에 대한 사회적인 편견과 간섭에 대해 저항하고 있는 것이다. 전쟁은 지나갔지만, 전쟁의 상흔은 쉬이 가시지 않는다. 국가는 삶을 파괴하는 기억과 그 기억으로 갈등하는 개인을 이해하기보다 균형을 숭상했다. 윌리엄 경처럼 영국의 광인들을 격리시키고 출산을 금지하고 절망을 처벌했다. 그리고 거기에 적응하지 못하는 사람들이 자신들의 견해를 퍼뜨리지 못하게 하면서 영국 전체를 번영시켰다.

이러한 상황이므로 전후 국가의 발전에 거슬리는 셉티머스와 같은 사람들은 걸림돌이었다. 그들은 정상인들에게 불편함을 가져다준다는 권력층의 임의적 해석 방식에 따라 치료와 감호 대상자로 분류되었을 가능성이 크다. 따라서 국가 간의 세력 다툼으로 일어난 전쟁에서 희생양이었던 셉티머스는 돌아와서 전쟁을 이겨내지 못했다는 이유로 환영받지 못하는 광인이었다. 전쟁을 악몽으로 회상하는 그는 전쟁을 이겨낸 다른 사람들을 선동할 수 있기 때문이다.

일찍이 나병에 이어 페스트가 유럽을 뒤덮었을 때, 사회공간은 사람들의 육체와 활동을 질서정연하게 배정하기 위하여 분할되었고, 그렇게 분할된 구역들은 다시금 내부적으로도 세밀하게 구획되었다. 그리고 다중적인 방벽을 설치하여 개인에게 각자 있을 자리를 지정하였다. 개인을 각자의 육체가 지닌 자격과 질병에 고정시킨 권력기관은 당시의 공공기관들이 페스트에 대처하기 위하여 처음으로 정착시킨 "강제적인 방법들의 일환"*으로 출현했다. 국가의 공식은 이렇듯 개인의 상처와 개별적 존재들의 고통을 반영하기보다는 전체의 안전이라는 이름하에 광기와 무질서, 혼돈을 사회적이고 도덕적인 질서 회복이라는 차원에서 다뤘다.

* 알폰소 링기스, 《낯선 육체》, 김성균 옮김, 새움, 2006, 122쪽.

개인적인 몸

좋은 일은 내가 고통에 익숙해지기 시작했다는 것뿐이야.

프리다 칼로, 《나…프리다 칼로》

직소퍼즐 같은 몸

병원 치료가 일단락되면 환자는 집으로 돌아온다. 그러나 집으로 돌아온다는 것만으로 정상적인 일상을 회복한다는 뜻은 아니다. 홀로 방안에 틀어박혀야 하며, 병색이 남아 있다. 방 안에는 환자의 침묵이 있다. 침묵 위에는 더 큰 침묵이 덮고 있다. 뒤이은 통원 치료라는 것이 남아 있고 재진이 기다린다. 그리고 예전의 시간 개념과는 다르게 맞춰져 수많은 약들을 정확하게 복용해야 한다. 나의 몸은 마치 약물에 절여놓은 것처럼 피부를 통해 약 냄새를 풍기는 것 같다. 언제까지 이 약들을 먹어야 하나? 증상이 사라질 때까지. 혹은 죽을 때까지일지도 모른다. 협소한 방에서 환자의 생활이 시작된다. 아무런 생산적인 활동을 하지 못하도록 격리되어 미래나 사교는 접어둬야 한다.

멕시코 출신의 화가 프리다 칼로Frida Kahlo는 독특한 그림 형식뿐만 아니라 '고통'이라는 문제를 빼놓고 이야기할 수 없는 인물이다. 18세 때 타고 있던 버스가 전차와 충돌하면서 그녀의 척추와 골반, 왼쪽 어깨, 왼쪽 다리가 부러지고, 오른발이 으깨졌다. 게다가 그녀의 옆구리를

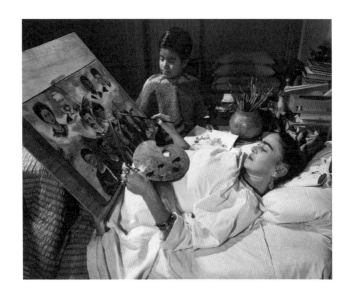

그림 그리기 가장 좋은 소재는 바로 저 자신이에요

다른 어떤 것도 선택하기 어려운 상황에서 프리다 칼로는 자신의 재능을
펼칠 수 있는 최대한의 수단을 발휘하였다. 고통은 그 고통을 담아내는 그
림을 통해 서사화되었다.

뚫고 버스의 승객용 손잡이가 달린 쇠 파이프가 몸 한가운데를 관통하여 옆 가슴과 골반을 통해 질을 뚫고 허벅지로 나오는 중상을 입는다. 이 사건이 일생일대의 전환점이 되어 그녀만의 독특하고도 위대한 그림이 세계유산으로 남게 되었지만, 그 대가는 너무 큰 것이었다. 프리다는 3개월을 자리에 누워 있어야 했고, 다시 9개월 동안 석고 보정기를 착용하여 척추를 고정해야 했다. 말로 다할 수 없는 고통이 따랐다. 그녀는 편지에서 다음과 같이 쓴다.

지금 나는 고통으로 가득하고 얼음처럼 투명한 행성에 살고 있어. 한순간에 모든 걸 알아버린 것 같아. 내 친구들은 서서히 여자가 되겠지. 나는 잠깐 사이에 늙어 버렸고, 이제 모든 것이 지루하고 단조로워.

활동적이었던 그녀에게 남은 것은 아무것도 없었다. 그녀가 할 수 있는 유일한 것은 캐노피 침대의 지붕 밑면에 부착된 거울에 비치는 자신의 모습을 그리거나 손거울을 비쳐 석고 깁스에 그림을 그리는 것뿐이었다.

그러나 그녀의 병은 그녀를 놓아주지 않았다. 평생 척추와 오른발의 통증을 안고 살아야만 했다. 수차례의 수술과 깁스를 하는 동안 통증이 있기 전 자신의 몸이 어떠했는지 기억조차 할 수가 없었다. 그녀의 삶은 병과 무기

프리다 칼로, 〈부서진 기둥〉(1944)

부서지고 또 부서지는 직소퍼즐 같은 나의 몸

프리다의 이력서에는 다음과 같은 글이 쓰여져 있다.

"내 그림들은 고통에 관한 이야기를 담고 있다. … 그림이 내 삶을 완성했다. 나는 세 명의 아이를 잃었고, 내 끔찍한 삶을 채워줄 다른 것들도 많이 잃었다. 내 그림이 이 모든 것을 대신해주었다." (프리다 칼로, 《나… 프리다 칼로》 중에서)

한 동거 상태에 들어갔다. 항상 미래의 계획에 대해 묻곤 하던 아버지는 딸에게 앞으로의 계획이 무엇인지 더 이상 물어보지 못한다. 불구가 될지도 모른다는 사실은 어떤 미래도 약속할 수 없는 삶의 중단을 의미했다. 그러나 프리다는 "가족에게 짐은 되지만 자기 앞가림은 하는 장애인이 되겠다"고 말한다. 그것은 아마도 스스로 다짐하는 말이었을 것이다. 아버지는 깁스에 그림을 그리던 딸에게 이젤과 캔버스를 선물한다.

걷지 못할 것이라는 예측을 물리치고 마침내 프리다는 걷는다. 그러나 그녀의 상태는 완치를 의미하지 않았다. 계속해서 재발하는 허리 통증이 사라진 것이 아니었기 때문에 고통을 내면화하면서 살아야 했고, 잇따른 수술이 사고보다 더 큰 고통을 가져다주었다. 그럼에도 불구하고 "모든 곳이 다 아프지만 대신 세상이 끝나는 날엔 그만큼 더 잘 참을 수 있을 것"이라고 위안 삼는다. 임신하게 되었을 때 고통을 걱정하는 남편에게 그녀는 "고통에 익숙하다"는 대답을 한다. 그러나 아이를 갖는 것 자체가 위험이었기 때문에 유산을 하는 또 다른 시련을 겪는다. 이런 자신의 몸을 그녀는 "부서졌다 다시 부서지는 직소퍼즐"에 비유한다. 이 모든 것들에 대한 그녀의 감정이 그녀의 그림 속에 투영되었다. 그리고 그 감정에는 인간이라면 누구나 듣는 "인생의 쓴맛처럼 냉혹하다"는 비유가 담겨 있다.

그러나 그 비유 이상으로 그녀의 그림은 직설적인 인생의 쓴맛을 보여준다.

그녀의 그림에서처럼 그녀는 석고 보정기가 아닌, 보철을 몸속에 넣어야 했다. 여기서 나는 한 여인의 감동적인 일화를 전하려는 것이 아니다. 그것은 감동적이라기보다 고통 그 자체를 보여준다. 무엇보다 그녀의 모든 상황이, 의학적 개입을 뛰어넘은 개인의 경험 안에 고스란히 담긴다. 프리다는 정상적인 일상과 불편한 환자로서의 삶을 구분 없이 살아냈다. 그녀 또한 미스 마치몬트가 될 수도 루시가 될 수도 있었다. 그런 점에서 그녀의 이력서는 인상적이다.

전 12년 전부터 그림을 그리기 시작했습니다. 교통사고 때문에 일 년 가까이 누워 지내야 했던 때였습니다. 그때부터 지금까지 저는 항상 제 느낌에 따라, 자발적인 충동에 의해 그림을 그립니다. 특정한 유파나 다른 사람의 영향을 받은 적은 없습니다. 그림을 그리면서, 내가 말로 할 수 없던 것들을 그림으로 표현한다는 사실에서 얻는 만족감 외에는 아무것도 바라지 않았습니다. … 제 그림의 주제는 늘 제 감각과 감정 상태, 제 내부에서 일어나는 깊은 반응들이고, 저는 종종 이런 주제들을 자화상으로 구체화합니다. 그것이 나 자신과 내 앞에 있는 것들에 대해 내가 어떻게 느끼는지를 표현할 수 있는 가장 진지하고 진실한 방법이기 때문입니다.

그녀의 이력서에는 장애에 대한 자기방어나 감동을 유도하는 그 어떤 표현도 나타나지 않는다. 단지 사고가 계기가 되어 그림이 자신을 표현하는 방식이 되었고, 그림이 자신이 되었음을 말해준다. 지독한 통증과 평생 짊어지고 살아가야 하는 병을 온몸으로 느끼면서 재현한 그림들은 고통스럽지만 자기 자신을 느끼고 깨닫기를 멈추지 않는 데에서 가능해진 재현이다. 마침내 고통은 그녀가 제일 잘 다루는 일이 된다. 가다머가 "고통의 체험이 실존적·인격적 차원을 밝혀준다"고 한 배경에는 고통의 완화와 그것의 한계를 넘어서 우리 스스로에게 "우리가 무엇인지"를 이해할 수 있게 한다. 다른 현상에서는 볼 수 없는 고통의 경험이 유한한 주체성을 지닌 우리 자신의 고유한 인생을 "우리에게 더 가깝게 접근하도록 하는 것"*이다.

이렇듯 프리다는 평생 여러 번의 수술과 유산을 경험했고 거의 언제나 고통 속에 있었다. 고통이 삶에 대한 새로운 발견과 의지가 되었다 해서 그녀가 고통을 벗어날 수

---

* 헤르만 랑, 〈후기〉, 한스 게오르그 가다머, 《고통》, 공병혜 옮김, 철학과현실사, 2005, 61쪽.

있었던 것은 아니다. 아마도 몸을 무시하기 어려웠을 것이다. 만성적인 고통이 오히려 몸을 끊임없이 자각하게 했을 것이다. 그러니 아픈 몸으로 살아가기 위해 지속적으로 자기 자신과 그리고 외부 세계와도 투쟁해야 했을 것이다. 무엇보다 자신의 몸과 의식, 자아 간의 관계와 거리를 조절하고 재설정하면서 닥쳤을 좌절감은 어렵지 않게 짐작된다. 죽기 직전의 일기에서 그녀가 남긴 말은 "이 외출이 행복하기를, 그리고 다시 돌아오지 않기를"이다. 그녀는 그녀 앞에 다가온 삶을 거부하지 않고 힘차게 살았지만, 다시 살고 싶지는 않을 만큼 뼈저리게 고통을 경험했다. 물론 우리는 그러한 그녀의 삶을 살고 싶지 않을 뿐더러 고통을 이해할 수도 없다. 프리다 역시 그런 삶을 살고 싶었던 것은 아니다. 단지 자신의 삶이었기 때문에 포기하지 않고 받아들여야 했다는 것과 그런 삶을 방해하는 것이었기에 고통에 저항해야 했을 뿐이다.

자신의 사고와 고통, 유산의 슬픔을 체험하는 것. 그리고 끝없는 시련 앞에 저항해야만 살 수가 있었다. 그렇지 못했다면 그녀는 버틸 수 없었을 것이다. 다른 그 누구도 아닌, 자신의 삶이었기 때문이다. 프리다가 겪은 사건은 흔치는 않지만 누구라도 겪을 수 있는 사건이다. 다만, 그 경험은 그녀를 통해 고유한 힘을 발휘하여 신비한 가치를 가지게 되었다는 점에서 자신만의 가치를, 어떤 특정한 고유의 가치를 갖는다.

어머니, 한 여자

예전에는 몸이 아프면 공기 좋고 경치 좋은 곳에 가서 요양을 했다. 크게 치료약이 없으니 쇠약해진 심신을 쉬도록 하는 것이 최고였다. 앞에서 본 것처럼, 《인형의 집》의 노라는 남편 헬메르를 이탈리아로 데려가 요양을 시키기 위해 빚을 져야 했다. 《페스트》의 의사 베르나르 리유 또한 아픈 아내를 멀리로 요양 보내야 했다. 이후에는 자연 치유법이 아닌 전문 요양소에 일시적 혹은 장기적인 입원이 장려되었다. 《댈러웨이 부인》에서 휴의 아내 이블린 또한 신경쇠약으로 입원한다. 셉티머스는 요양소에 가는 것이 두려워 자살한다. '전문'요양병원 혹은 병원은 의사의 신난을 최우신으로 해서 선택되는 곳이다. 격리를 시켜야 전문적 치료가 보장될 수 있다는 전제 조건이 있다.

그런데 요양병원의 상태는 요양시설이 제일 발달했다는 프랑스를 보아도 환자를 보살피는 일이 서비스이지 휴머니티일 수가 없다는 점을 인식하게 해준다.

어머니는 이곳 병원에 도착했을 때 집에서 가져왔던 옷가지들과 안경을 몽땅 잃어버렸다. 6개월 전 우리 집에

톰 필립스, 〈18세와 88세 때의 나의 어머니〉(1989)

어머니, 그리고 한 여자

어머니는 지금 무엇을 느끼고 있는 것일까? 어머니는 곧 회복될 것이다. 침대와 안락의자에만 머물러 있는 형편이 되더라도 그런 상태로 되돌아갈 수는 있을 것이다. 이러한 딸의 믿음과 달리 어머니는 돌아가셨다. 사람들은 "그런 상태로 여러 해를 사신다는 게 무슨 의미가 있나"라고 말했다. 모두에게 어머니가 돌아가신 것이 더 나았다. 그건 나로서는 이해가 되지 않는 하나의 문장, 하나의 확신이었다. (아니 에르노, 《한 여자》 중에서)

계실 적에 그토록이나 애지중지하던 물건들이었다. 여기서는 한번 잃어버린 물건은 다시는 찾을 수가 없다. 키가 크고 검은 머리에 간호사 캡을 쓴 간호원장은 거만스러웠다. 어차피 이 노파들은 죽게 될 것이라는 식의 냉담한 태도가 역력했다.[*]

프랑스 작가 아니 에르노의 요양병원에 관한 묘사다. 그녀의 어머니는 치매 환자다. 가까운 사람의 죽음으로 인한 공허함도 그렇지만, 가까운 사람이 병을 앓을 때 일상 세계는 크게 달라진다. 그리고 그 병이 병약한 육체일 경우만이 아니라, 정신적인 것이라면 더 큰 일상의 변화를 가져올 것이다. 노년이 길어지고 노령 인구가 증가했다는 것은 치매나 알츠하이머와 같은 정신질환의 증가를 의미하기도 한다. 이러한 질병이야말로 옆에 있는 사람의 마음을 갉아먹고 공포에 떨게 만든다.

딸은 어머니처럼 일체 사물에 대한 관심이 사라져갔다. 미스 마치몬트가 루시의 모든 것이 되어 협소한 생활 세계로 들어갔던 것처럼, 아니 에르노 또한 모든 것에 대한 욕망을 상실했다. 시간이 흐를수록 어머니의 모습을 잃어

---

[*]   아니 에르노, 《나는 나의 밤을 떠나지 않는다》, 김선희 옮김, 열림원, 1998년, 44~45쪽

가는 어머니는 본능적인 행동만을 보여주는 '생명체'에 지나지 않았다. 그런 어머니가 바로 자신의 어머니라는 사실 때문에 더더욱 자신을 용서할 수 없다가, 다시금 어머니를 제대로 돌보지 못했다는 죄책감에 시달렸다. 여기저기 오줌을 누는 어머니를 때려주고 싶은 분노와 공포 그리고 두려움이 교차했던 것이다. 도저히 견딜 수 없는 것은 어머니의 과거 삶 속에서만 어머니와 공유한 것들이 존재할 뿐, 현재 어머니와 공유할 수 있는 것이 아무것도 없다는 점이다. 어머니는 그녀의 어머니였지만, 이젠 더 이상 어머니 자신은 아니었다. 그런 어머니에 대해 딸은 부끄럽게 생각했다. 누구나 이 병을 수치스럽게 여긴다. 무엇보다 가장 가까이에 있는 사람이 아픈 가족에 대해 감정적인 상태가 되는 까닭은 가족과 자신을 동일시하기 때문이다. 그녀는 '나의 어머니'였고 '내 유년기의 그 여자와 같은 여자'였다. 어머니에 대해 가지고 있던 일체감이 크면 클수록 어머니를 냉담하게 대하게 된다. '내가 바로 그녀'라는 생각 때문이다. 이모와 사촌들마저 "넌 네 엄마를 쏙 빼닮았어. 꼭 네 엄마를 보고 있는 것 같아!"라고 말했던 것이다.

　아니 에르노의 《나는 나의 밤을 떠나지 않는다》(1997)는 무엇보다 언어와 시각의 불안정성에 대한 것이다. 그녀조차도 기록 이상의 것을 할 수 없다고 고백한다. "나는 어머니에 관해 이야기하고 있지만 어머니의 상태를 있는 그대로 표현해내지 못하고 항상 미흡하게 전달할 뿐이다."
그녀는 죽어가는 어머니의 몸을 눈앞에서 보고 있지만, 그
모습은 무릇 비현실적이다. 점차 쇠약해져가고 동물적인
본능만이 강하게 드러나는 어머니는 예전의 어머니가 아
니었기 때문이다. 그녀는 시간을 거슬러 과거의 모습을 어
머니의 참모습이라고 해야 할지, 현재의 모습을 어머니의
참모습으로 이해해야 할지 알 수가 없다. 과거에 붙들려
있는 자신의 기억 때문에 어머니의 비현실적인 현재 상태
를 언어로 재현해내는 것은 어머니를 지켜보는 것만큼 어
려운 일이다.

어머니를 좀 더 이해해보려고 하지만 오해 없는 소통
을 꿈꾸는 것은 애초부터 불가능하다. 사물에 집착함으로
서 세상에 매달려 있고자 고군분투하던 어머니는 개인 소
지품들을 하나씩 하나씩 전부 잃어버리는 어머니가 되었
고, 마침내 어머니에게 하는 말들은 어머니에게 의미로 가
닿지 못한다. 그리고 어머니가 하는 말들은 말이 채 되지
못하는 말들뿐으로, 사물로부터 분리되어 상상의 세계에
만 복종하는 단어들이 되어갔다. 그러나 어머니가 아프기
전에도 이미 어머니와 딸은 비껴가는 대화를 일삼았다. 어
머니는 딸에게 "넌 집에 있는 게 지겹지도 않니?"라고 물
었다. 그때는 어째서 어머니가 그런 질문을 하는지 생각해
보지도 않았다. 그런데 어머니가 아니 에르노와 연관 지어

무슨 말을 할 때에는 어머니 자신의 상태가 바로 그렇다는 뜻이었다. 집에 있는 것이 지겨웠던 것은 바로 어머니였던 것이다.

어머니가 요양원에 계시는 동안 에르노 자신도 수술을 받아야 했다. 그러나 각자 제각각인 질병의 고통을 어머니의 고통과 동일시할 수는 없었다. 고통을 바라보는 것과 고통을 느끼는 것은 확연하게 다른 일이었다. 김훈의 소설 〈화장〉(2004)에서 전립선염을 앓는 남자는 뇌종양으로 죽은 아내를 빈소에 두고 방광의 오줌을 빼러 병원을 찾는다. 아내의 임종 소식을 듣던 순간, 터질 듯한 방광의 무게에 짓눌려 그 자리에 주저앉아버리고 싶었던 것이다. 남자에게 있어 아내의 고통은 시각적이었던 반면, 자신의 병은 신체 내부의 자극에 의해 일어난 통각에 의해 전달되었다.

변기에 앉아서 방광에 힘을 주었더니, 고환과 항문 사이로 날카로운 통증이 방사선으로 퍼져나갔다. 성기 끝에서 오줌은 고드름 녹듯 겨우 몇 방울 떨어졌다. 붉은 오줌 방울들이었다. 요도 속에서 오줌 방울들은 고체처럼 딱딱하게 느껴졌고, 오줌이 빠져나올 때 요도는 불로 지지듯이 뜨겁고 쓰라렸다. 몸속에 오줌이 남고 사지가 모두 떨어져 나가는 느낌이었다. 밤새 나온 오줌은 붉은 몇 방울이 전부였다. 배설되지 않는 마려움으로 내 몸은 무겁고 다급했다. 다급했으나 내보낼 수는 없었다. 밤새 다섯 차례나 화장실을 들락거렸지만, 오줌은 성기 끝에서 이슬처럼 맺혔다가 떨어졌다. 죽은 아내의 시신이 침대에 실려 나갈 때도 나는 방광의 무게에 짓눌려 침대 뒤를 따라가지 못했다.[*]

이 느낌은 자신의 몸을 낯설게 만드는 동시에 수치스럽게 만든다. 그러나 자신의 고통과는 종류가 다른 아내의 고통은 그것을 바라보는 자신의 입장에서만 한정적으로 이해되는 시각적인 것이다. 아내가 발작적인 두통을 호소하며 머리카락을 쥐어뜯고, 먹던 것을 뱉어내다가 마침내 시퍼런 위액까지 토해놓고 정신을 잃던 모습을 통해서 겨우 상상할 수 있는 것이다.

아내의 병에 대해 의사가 설명하던 말 또한 외피화되지 못한다. 종양이란 생명 속에서만 발생하는 또 다른 생명으로 종양과 생명을 분리할 수가 없다는 것도, 죽은 자는 종양에 걸리지 않고 살아 있는 자만이 종양에 걸리는 것이기에 종양 또한 삶의 증거이기 때문이라는 것도 남자에게는 비어 있는 말이었다. 의사는 종양을 들어낼 수는

[*]   김훈, 〈화장〉, 《강산무진》, 문학동네, 2004, 12쪽.

있어도 종양을 빚어내고 키우는 환자의 생명에 개입할 수는 없다고 말한다. 남자는 그 뻔한 소리, 그 하나 마나 한 소리에도 불구하고 그 뻔함이 무섭게 느껴졌다. 그것은 속수무책의 다른 말이었기 때문이다. 의학과 처방약의 매끄럽지 못한 접근이 완치로부터 벗어나는, 따라서 지속되는 삶과 언제 끝날지 모르는 질병에 대한 투쟁을 환자와 가족은 고스란히 안고 가야 할 뿐이다.

아내의 뇌 속 종양은 MRI 사진 속에서 골프공 모양으로 존재한다. 첫 번째 수술은 성공적이었다고 의사는 말했다. 그러나 아내의 종양은 여섯 달 뒤에 재발했다. 이때도 의사는 남자를 불러 아내의 뇌 사진을 보여주면서 재발이 아니라고 말한다. 먼젓번 종양은 없어졌고 새로운 종양이 태어났다는 것이다. 의사의 말은 아내가 보이는 후각과 미각의 이상, 30킬로그램까지 떨어진 체중으로 대신 증명되었다. 이것은 대화를 통한 이해가 아니라 시각을 통한 이해였다. 이처럼 언어의 소통 불가능성은 도처에서 나타난다.

소통 불가능성. 남자의 아내는 해부학 교실에 걸린 뼈처럼 앙상한 두 다리와 검버섯 피고 늘어진 피부를 하고 있다. 아내의 몸을 씻기고 닦자마자 똥물을 흘리던 아내는 미안하다고 울면서 말했다. 남자는 아마도 아내가 수치심을 느끼기 때문이라고 생각했다. 오래고 또 가망 없는 병

시중의 피로감은 가까이에 있는 죽음이지만 얼마나 가까워야 가까운 것인지 알 수 없음에도 지속시켜야 할 일상의 일부였다. 그리고 시각과 후각을 통해 삶을 지배하는 질병을 놓지 않고 지속시키기 위해서는 사랑의 추상성이 필요했다. 그것은 언제 끝날지 모르는 질병의 추상성과 투쟁할 수단이었고 남자에겐 절박한 것이었다. 그러나 행동으로 이행할 사랑의 실천이 아니라 그를 지탱시켜 줄 수 있는 구체적인 이름을 가진 대상이면 족했다.

아내의 처절한 울음과 두통 발작과 수치심이 수면제 주사로 잠잠해지는 시간에 그에게 밀려오는 것은 죽음이 아니라 삶을 향해 있는 생명력을 그대로 간직한 존재이자 이름, 젊은 여인의 살과 식욕과 그녀의 아이였다. 아내의 몸에서 풍겨 나오는 계통 없는 냄새들을 덮을 수 있는 것은 출산휴가를 마치고 돌아온 젊은 여인의 엷고도 비린 젖냄새였다. 그는 이 젊은 여인의 몸을 탐하려 한 것이 아니라 삶을 작동시키는 허파와 심장과 장기 그리고 몸속을 흐르는 피의 온도와 체액에 대한 상상으로 자신의 결핍된 몸과 마음의 구멍을 채우고 싶었다. 그렇게 그는 그녀의 이름을 부르면서 삶에 매달리고자 하였다. 마침내 아내가 죽자 그의 이 내면 여행 또한 끝을 맺고 남자는 깊은 잠에 빠진다.

침묵의 세계

《댈러웨이 부인》에서 루크레치아 또한 남편 셉티머스가 겪는 고통의 질감을 옆에서 상상할 수만 있었다. 그녀가 발휘할 수 있는 상상력을 다 사용해봤지만 이미 그 너머에 있는 남편의 고통을 온전히 이해할 수는 없다. 남편에게 무슨 문제가 있는 것인지 도무지 알 수가 없다. 남편은 길에서 총성을 듣고 두려워 꼼짝을 하지 못한 채 서 있다. 그는 서른 살가량 되었으며, 날카로운 콧날에 창백한 얼굴을 하고, 갈색 신발과 허름한 외투를 걸치고 있다. 엷은 갈색 눈은 불안한 눈초리를 하고 있어 생판 모르는 사람마저도 불안해질 정도였다. 전쟁이 끝나 평화로워졌으나, 사람들과 셉티머스에게 이 총성은 무시무시한 일에 대한 암시가 아닌가 하는 두려움의 상징이다.

그러나 루크레치아로서는 남편의 안색과 몸짓 때문에 사람들이 그가 전쟁 후유증을 앓고 있다는 것을 들키는 것이 더 두렵다. 그리고 골똘한 시선으로 자기는 보이지도 않는 듯 행동하면 모든 것이 끔찍스럽게 느껴졌다. 하늘과 나무, 노는 아이들, 수레를 끌고, 휘파람을 불고, 넘어지는 아이들, 그 모든 것이 끔찍했다. 셉티머스를 맡았던 첫 의사인 닥터 홈스가 아무 문제 없다 했지만 그런 남편 때문에 결혼반지가 헐렁거릴 만큼 루크레치아는 살이 빠졌다. 무엇보다 남편에 대해, 남편의 실패에 대해, 혹은 그런 남자와 결혼한 자신의 실패에 대해 사람들이 눈치 챌 것이 그녀는 두려웠다. 타국에서 온 그녀가 볼 때 영국 사람들과 그들의 자식과 말과 의복은 나름대로 훌륭했지만, 셉티머스가 "죽어버리겠어"라고 한 마당에, 그들은 그저 '사람들'일 뿐이었다. 죽어버리겠다니, 끔찍한 말이 아닌가. 그러나 아무에게도 그녀의 힘든 상황을 말할 수가 없다. 그녀의 고향인 이탈리아는 너무나 멀었다.

그런데 정작 셉티머스로서는 이런 아내가, 말을 걸어오는 아내야말로 자신을 방해하는 존재이다. 의사들이 맞든 틀리든 어떤 말로도 떨쳐 버릴 수 없는 침묵이 있는 법이다. 그 침묵은 아픈 사람에게 숨어 있다. 침묵은 셉티머스의 세계 속에 살고 있다. 그에 대해 윌리엄 경도, 아내 루크레치아도, 심지어 셉티머스 자신도 진리로 완전히 채운 말을 하는 것은 불가능하다. 따라서 채워지지 않은 말의 공간 속에는 셉티머스의 슬픔이 가득히다.

결국에 자살한 셉티머스는 클라리사의 파티에 초대받은 윌리엄 경 부부의 발걸음을 늦추게 만든다. 그들의 일상을 방해한 셉티머스의 자살 소식은, 그래서 파티를 개최한 클라리사에게는 재난이고 불명예스러운 일이다. 화려한 저녁 파티와는 모순된 불쾌한 이야기였던 것이다. 그러나 "어떤 청년이 창가에서 뛰어내려 자살하였다"는 소식은 동시에 클라리사로 하여금 예전에 자살 충동에 사로

르네 마그리트, 〈대전쟁〉(1964)

실패는 숨겨야 하는 법이다

사람들이 눈치챌 것이다. 사람들이 볼 것이다. 사람들이, 하고 루크레치아는 자동차에 정신이 팔려 있는 군중을 바라보며 생각했다. 영국 사람들, 그들의 자식과 말과 의복은 나름대로 훌륭했지만, 셉티머스가 "죽어버리겠어"라고 한 마당에, 그들은 그저 '사람들'일 뿐이었다. 죽어버리겠다니, 끔찍한 말이 아닌가. 사람들이 들었으면 어쩌나? 그녀는 군중을 둘러보았다. 사람 살려요. 살려 주세요! 그녀는 푸줏간 총각들과 여자들에게 외치고 싶었다. 사람 살려요! (버지니아 울프, 《댈러웨이 부인》 중에서)

잡혔던 기억을 되살리게 한다. 그녀에게 죽음은 도전이었다. 좌절이 아니라 '도달하려는 시도'였다. 그녀는 마치 자신이 자살한 것 같은 기분에 빠져든다. 아니, 그녀 대신에 그가 자살한 것만 같았다.

그러나 그녀를 둘러싸고 있던 두려움은 빠져나가고 하늘이 눈에 들어왔고 이상하지만 행복했다. 그리고 모든 것이 좀 더 천천히, 좀 더 오래 지속되었으면 하는 바람이 생겼다. 셉티머스는 죽었지만 모든 것은 여전히 계속되고 있다. 그리고 그의 죽음은 불쌍히 여겨서는 안 될 것처럼 느낀다. 그러고는 그녀가 소설 내내 읊조렸던 셰익스피어의 극 〈심벨린〉(1623)의 한 구절을 읊는다. "더는 두려워 말라, 태양의 열기를." 이것은 그만 삶을 내려놓은 셉티머스의 선택과 마찬가지로, 삶을 지속시키려는 클라리사의 선택을 가능하도록 해주는 주문 같은 시다.

더는 두려워 말라, 태양의 열기를,
사나운 겨울의 횡포를
세상에 남은 그대의 의무는 다하였고,
이제 그 값을 취하고 돌아가길 바라노니
빛나던 젊은이와 소녀들 역시 반드시 그래야 하듯이
굴뚝 청소부와 마찬가지로 먼지로 돌아가리

더는 두려워 말라, 군주의 불편한 심기를,

그대는 이미 그의 폭정을 지나왔나니

더 이상 염려하지 말라. 입을 것과 먹을 것

그대에겐 갈대와 참나무와 다르지 않노라

왕권도, 학식도, 의업도, 그 모두가 진정

이를 따라 먼지가 되나니

더 이상 두려워 말라, 번갯불과,

그리고 무서운 뇌우를

중상과 책망을 두려워할 까닭이 있으랴

기쁨과 신음은 이미 멈추었으니

모든 젊은 연인들, 그 모든 연인 역시

그대의 길을 따라 먼지가 될 것이다

그 어떤 심령술사도 그대를 해하지 못할지니!

그리고 그 어떤 마법도 그대를 홀리지 못할 것이다

떠도는 원혼은 그대를 눈감아주고!

그 무엇도 그대 가까이 오지 못하리라!

침묵 안에서 온전한 그대 되기를

기원하노니 그대 묻힌 곳 잊히지 않기를!

클라리사가 자신의 삶을 지속시키려는 의지에서 주

문처럼 사용한 이 시는 오히려 셉티머스에 대한 클라리사의 진혼곡 같다. 셉티머스는 죽었지만, 죄를 지었다는 괴로움으로부터 그리고 병 때문에 사회로부터의 소외되어야 하는 부당함으로부터 자유로워지기를 바라는 염원을 느낄 수가 있다. 결국 한 사람의 삶은 타인의 죽음이 드리운 길을 밟으면서 이어진다. 셉티머스의 죽음이 클라리사에게 시보다 더 강력한, 삶에 대한 주문이었던 것이다.

（4）

사회적인 몸

우리 도시에서보다 더 독특한 점이 있다면 그것은 죽음에 이르러 겪는 어려움이다. 사실 어려움이라는 말은 적절한 표현이 못 된다. 불편함이라고 하는 편이 더 정확할 것이다. 병을 앓는 것이 기분 좋을 적은 결코 없지만 어떤 도시나 고장은 병을 앓는 동안에 의지가 되어서, 거기서는 이를테면 마음을 푹 놓을 수 있는 것이다. 병이란 부드러움을 필요로 하며 무엇엔가 기대기를 좋아한다. 그것은 아주 자연스러운 일이다. 그러나 오랑에서는 지나치게 거센 기후, 거기서 거래하는 사업의 중요성, 순식간에 지나가 버리는 황혼, 쾌락의 특질 등 모든 것이 한결같이 건강한 몸을 요구한다. 이곳에서 병을 앓는 사람은 아주 외롭다.

알베르 카뮈, 《페스트》

도시를 폐쇄하라

카뮈는 그의 책 《페스트》에서 프랑스 오랑 지방에 대해 질병을 사용하여 묘사한다. 도시는 '아주 흥미진진하지는 못한 곳'으로, 활기차고 분주해 보이는 일상도 습관이 되면 만사가 순조롭다. 그는 게오르그 짐멜이 사회학적으로 묘사한 대도시 삶을 문학적으로 잘 표현하였다. 짐멜은 1903년에 〈대도시와 정신적 삶〉이라는 글을 발표하였다.

그는 이 글에서 현대의 대도시에 사는 개인들이 급속도로 바뀌는 외적·내적 자극들에 의한 심리적 영향으로 신경과민을 겪게 되었다고 지적한다. 삶은 급속도로 교체되었고 외부 환경의 흐름과 모순은 삶을 위협한다. 외부 상황에 대해 제대로 반응할 능력이 없어지면서 사람들은 무감각해졌지만, 이 무감각은 오히려 개인들을 방어해줄 수 있는 수단이 된다. 이제 삶에 적응할 수 있는 유일한 방책은 바로 무감각이다.

시민들은 권태에 절어 있었지만 또 많은 돈을 벌고 싶었다. 낌새가 없는 도시였지만 거센 기후와 사업 거래, 그리고 순식간에 지나가버리는 황혼과 쾌락 때문에 그들은 건강해야 했다. 이와 꼭 같은 정서가 오늘날의 도시를 지배한다. 빠르고 분주하게 돌아가는 현대 도시에서는 조금만 주춤하면 그 속도로부터 밀쳐지면서 외톨이가 되고 만다. 병을 앓는다는 것은 삶의 속도에서 벗어나는 것이다. 도시는 건강한 몸만을 필요로 한다. 따라서 쥐 때문에 무차별적으로 사람들이 죽어가는 것은 '말이 안 나게 조용히' 처리해야 할 문제이다. 병 자체보다 사람들에게 불안과 동요를 유발해서 도시 전체를 위험에 빠뜨릴 수 있기 때문이다.

《페스트》에서 의사 리유는 진찰실을 나서다가 죽어 있는 쥐를 발견한다. 재미있는 것은 건물 수위의 반응이다. 이 건물에는 절대 쥐가 없다는 것이다. 그것은 어떠한 의심이나 의문도 배제하려는 '단호함'이다. 다음날 피투성이가 된 쥐 세 마리를 본 수위는 누군가 쥐덫으로 쥐를 잡은 것 같다고 말한다. 그는 아예 쥐덫을 놓은 '범인'들을 기다리고 있다. 쥐의 출현은 다른 누군가의 탓, 즉 책임질 누군가를 먼저 지명해야 할 일이다. 따라서 소홀함을 이유로 자신이 지명될 수 있다는 사실 때문에 수위에게는 쥐가 나타나거나 죽어 뒹굴고 있을 가능성이 결코 있어서는 안 될 일인 것이다. 반면, 리유는 왕진을 돌면서 죽은 쥐들을 목격한다. 병원으로 돌아온 리유가 수위에게 또 쥐를 보았느냐고 묻자 수위는 "제가 지키고 있단 말씀이에요. 그래서 그 나쁜 놈들이 감히 가져오질 못하는 겁니다"라고 강하게 부정한다.

전염병이 생기기 전 유럽은 위생 상태가 아주 불량했다. 길거리에 오물들이 넘쳐났고 목욕은 거의 할 수 없는 상태였다. 전염병의 발발로 인간은 자신의 몸을 돌아보게 되었고 또 사적 공간이 증가하게 하였다. 전염병을 줄일 수 있는 방법은 격리였기 때문이다. 《페스트》에서 수위에게 쥐 '따위'가 중요했던 것은 건물의 명성에 손상을 입히는 일을 절대 해서는 안 되는 관리인의 책임에 대한 문제지 쥐 자체가 아니다. 건물의 이미지를 책임져야 하는 자신이 관리하는 건물에서 죽은 쥐가 발견되는 것은 용납할

알베르 카뮈의 《페스트》 1969년 포켓북 표지

전염병은 보이지 않는 재앙의 손길이다

역사상 흑사병으로 알려진 페스트는 약 30차에 걸쳐 대대적으로 1억에 가까운 인명을 빼앗아갔지만, 1억의 시신은 실감 나지 않는 상상의 것일 뿐이었다. 그들은 지금 이 도시에서 벌어진 재앙의 존재를 믿지 않고 있었다. 그들은 미래라든가 장소 이동이라든가 토론 같은 것이 금지되는 페스트의 재앙을 이해할 수 없었다. 그러나 재앙이 존재하는 한 그 누구도 결코 자유로울 수 없었다.

수 없는 일인 것이다.

이틀 또는 사흘 만에 사람이 사망하는 일이 20건에 달해도 병명은 삼가는 상황이었다. 확증은 없으나 증세가 불안한 상황만이 계속되고 의사끼리 주고받는 대화에는 "분석의 결과를 기다린다"는 것이 전부였다. 그리고 마침내 "페스트가 확실하다"고 언명되었다. 그들이 '페스트'를 입에 올리기를 삼간 것은 페스트의 원관념이 가진 '속수무책'의 성격 때문에 '재앙' 이상도 이하도 아니었기 때문이다. 이 지방, 즉 오랑은 열광이나 쾌락이 없는 것은 아니라 해도 권태와 무심함, 습관이 팽배한 도시다. 이곳 사람들은 어떤 무언가의 낌새 때문에 삶에 변화를 가져오는 사람들이 아니다. 그들은 재앙의 존재 따위를 믿지 않는다. 재앙이란 비현실적인, 그저 지나가는 악몽에 불과한 것이다. 그러나 의사인 리유에게는 페스트가 멈추거나, 혹은 계속되더라도 병의 정체를 알게 될 것이며, 그에 따른 대비 조치와 싸워 이기는 방법을 발견할 것이라는 사실만이 있었다. 그는 문득 창밖 공장으로부터 나오는 노동의 소리를 듣는다. 질병 때문에 모든 것을 멈출 수는 없는 일이었다. 자기가 맡은 일을 충실히 수행해 가야 할 뿐이다.

그러나 앞에서 언명된 '페스트'는 의사끼리 주고받은 말이고, 관청 직원에게조차 알려봐야 도움이 되지 않을 거라고 말을 삼간다. 주목할 점은 어떤 것에 대한 명명이다.

단정적으로 진단을 내리는 것, 그래야만 조치가 취해질 것이기 때문이다. 리유의 동업자인 리샤르는 병 자체가 저절로 멈추지 않는 한 법률에 규정된 중대한 예방 조치를 해야 한다는 것, 그렇게 하자면 그 병이 페스트라는 사실을 공식적으로 인정해야 하는데 그에 대한 확실성이 절대적이지 못하기 때문에 심사숙고가 더 필요하다고 말한다. 그러나 당국은 행정 처리를 위해 '공식적으로'그것을 페스트라는 유행병으로 인정해줄 필요가 있다고 입장을 표한다. 현청의 지사는 "당신은 이것이 페스트라고 확신하십니까?"라고 묻는다. 이에 대해 리유는 "질문을 잘못하셨습니다. 이건 어휘문제가 아닌 시간문제입니다"라고 대답한다.

리유는 "표현에는 관심없다", "다만 시민의 반수가 죽음의 위협을 받고 있지 않은 것처럼 행동해서는 안 된다"고 한 후 물러난다. '페스트'는 이미 중세를 휩쓸었던 흑사병으로서의 시니피앙signifiant*을 가지고 있다. 절대적인 재앙으로서의 상징성 때문에 페스트가 선포된다는 것은 페스트의 과거 이미지를 전부 끌어오는 것이다. 중세 유럽을 휩쓴 페스트. 몰살을 의미하는 이 병은 따라서 명명하는 순간, 명명한 사람과 그를 지지한 모든 사람이 후

---

* 사물에 대한 명칭인 시니피에signifié에 상응하는 것으로, '기의'라고 하는 시니피앙은 표현된 기호가 지시하는 의미를 뜻한다.

폭풍에 대한 모든 책임도 져야 한다는 것을 의미한다.

《페스트》에 관한 이야기를 시작하면서 나는 오랑의 풍경에 대해 언급했다. 이것은 카뮈가 상당히 할애하여 쓴 부분이다. 다시 그 부분을 짚어보자. 도시와 일상생활의 평범한 모습. 일단 습관을 붙이고 나면 힘들이지 않고 살아갈 수 있는 법이다. 그런 습관이 붙도록 이 도시는 만사가 순조롭다. 이 틈에 이곳 사람들 전체의 삶을 통째로 개입하는 일이 일어난 것이다. 나아가 병에 있어서도 '믿음'과 '불신'이라는 단어가 깊이 침투한다. 사람들은 유행병에 대한 이야기를 떠들어대고, 열 명쯤 죽어 나가면 이 세상이 끝장이라도 난 듯이 떠들어댄다. 환자 가족 그리고 환자 들과 옥신각신 담판이 이어진다. 환자들은 의사가 하는 일의 힘을 덜어주고 자신들의 몸을 그에게 완전히 맡겼다가 점차 꺼려하고 불신으로 눈치를 보기 시작한다. 멍울의 절개 수술이 효과를 보인 것은 불과 몇 명이다. 가난한 사람들은 입원하면 의사들의 실험 재료가 된다고 믿는다. 그러나 그들은 죽어갈 뿐이었다. 사망자 수가 의미하는 것은 '우려'가 아니라 '명백'한 사실이었다. 마침내 공문이 전보로 내려진다. "페스트 사태를 선언하고 도시를 폐쇄하라."

말, 말, 말

자크 르 고프Jacques Le Goff는 《고통받는 몸의 역사》(1985)*에서 질병은 그 자체로는 존재하지 않으며 오로지 인간이 그것에 부여한 역사만을 갖는다고 지적한다. 다시 말해, 인간이 이름을 붙인 추상적 총체에 지나지 않는다는 것이다. 의사들은 인간이 겪는 불편함의 원인이나 그 원인이 될 소지의 것들을 한데 모아 지적인 개념을 만들어내고, 이렇게 모여진 내용에다 진단이라는 꼬리표를 달아 놓게 된다. 여기에서부터 증상이나 그 원인에 작용할 치료가 시작되는 것이다. 그러나 원인이나 그 원인이 될 소지의 것들을 한데 모아 어떤 증상을 유사점에 의해 특정 병명으로 확정짓는 것은 책임이 따르는 일이다. 공무가 수행되는 것에 대한 책임, 그리고 말과 지위에 대한 책임이다.

《페스트》에서 의사 베르나르 리유는 당시의 페스트가 중세의 흑사병과 같이 수용되는 것에 대해 복잡한 심경을 토로한다. 사실 증상은 유사했다. 그러나 유사 페스트라고 진단할 수도 없다. 페스트가 "맞다"로 진단이 내려져야 행정적인 업무가 발휘될 수 있는 것이다. 일단 진단이 내려지면 병이 가지고 있는 상징성은 병 자체보다 더욱 위

---

* 원제를 그대로 풀어 보면 《이야기가 있는 질병Les Maladies ont une histoire》이 된다.

험한 덫이 될 수 있다. 아는 병이기에 모르는 병보다 해결책을 빨리 찾을 수 있음에도 불구하고, 알기 때문에 그 증상과 영향력에 대한 두려움이 더욱 큰 것이다. 리유가 "표현에는 관심이 없"으며 "다만 시민 반수가 위협을 받고 있다"고 말하는 것도 그런 이유에서다. 매독이나 에이즈에 대한 은유가 어떠했는지를 생각해보면 알 수 있다. 매독은 성관계를 통한 신체 장기의 염증성 질환이다. 에이즈는 면역결핍 바이러스에 감염돼 체내의 면역 기능이 저하, 사망에까지 이르는 전염병이다. 이 두 질병에는 문란한 성관계의 은유가 공통적으로 개입되고, 에이즈에는 편견과 음모가 더해져 '동성애'와 '흑인' 및 '아프리카'라는 은유들이 포개어진다.

사람들은 이별이라든가 공포라든가 하는 공통된 감정은 있었지만 페스트를 현실적으로 받아들이지는 못했다. 그전까지 도시에서 한 주에 몇 사람이 사망하는지를 아는 사람은 없었다. 페스트의 발병으로 인해 통계가 처음으로 적용되어, 일주일에 평균 500명씩의 사망자를 낸다는 보고가 전해졌다. 이렇게 많은 사망자가 속출하고 있어도 그들의 불행은 추상적이고 비현실적인 것이었다.

그러나 분명한 것은 추상성이 사람들을 죽이고 구체적인 사망자 수에 영향을 미치고 있었다는 점이다. 그리고 개인이 겪어야 하는 삶은 이 고장 전체의 기류와는 별개의 것이었다. 이 고장에 들어와 있는 외부인 랑베르는 페스트와 자신은 아무 상관 없으니 이 고장에서 나가게 해달라고 하소연을 한다. 리유는 랑베르가 아내와 다시 만나게 되고 서로 사랑하는 사람들 모두가 다시 결합하게 되기를 진심으로 원하지만, 포고와 법률이 있고 페스트가 있으니 자기의 역할은 마땅히 해야 할 일을 완수하는 것이라고 말한다. 랑베르는 이에 대해 리유가 이성적이며 추상적이라고 말한다. 그리고 이 도시에서 나가고 말겠다고 덧붙인다. 리유는 그 심정 역시 이해할 수는 있지만 그런 일은 자기와는 무관하다고 말한다. 랑베르는 리유가 적어도 한 건쯤은 손을 써줄 수 있을 것이라고 믿었으나 리유는 끝까지 감정에 치우치지 않는다. 랑베르는 "선생님은 마이동풍이시군요. 남의 일은 생각해본 일도 없으시군요. 생이별을 한 사람들에 대해서는 생각해보지도 않으셨어요"라고 불만을 토로한다. 랑베르는 리유에 대해 '공적인 일'을 언급하면서, 그러나 "공공복지도 개개인의 행복으로 성립되는 것"*이라고 지적한다.

이제 이 지역에 갇힌 사람들은 아무 일이 없었던 권태로웠던 시절의 행복을 깨닫기 시작한다. 전염병은 이전의 안정과 권태를 교란시켜 그들의 일상을 파괴시켰다. 그

---

*　알베르 카뮈, 《페스트》, 김화영 옮김, 책세상, 2007, 125쪽.

삶 전체를 지배하는 전염병과의 우울한 투쟁

사람들은 이별이라든가 공포라든가 하는 공통된 감정은 가지고 있었지만 페스트를 현실적으로 받아들이지는 못했다. 그전까지 도시에서 한 주에 몇 사람이 사망하는지를 아는 사람은 없었다. 페스트의 발병으로 인해 통계가

작자 미상, 〈죽음의 승리〉(1450년경)

처음으로 적용되어, 일주일에 평균 500명씩의 사망자를 낸다는 보고가 전해졌다. 이렇게 많은 사망자가 속출하고 있어도 그들의 불행은 추상적이고 비현실적인 것이었다. 그러나 분명한 것은 그 추상성이 사람들을 죽이고 있었다는 점이다.

들의 개인적인 감정은 모든 사람들 전체의 감정이 되었다. 그들은 사랑하는 사람에 대한 기억에 매달려보려 했지만, 아무것도 아는 게 없었다. 사랑하는 사람에 대해 아무것도 모르고 있다는 사실에 대한 슬픔과 책망이 그들을 괴롭혔다. 감금되어 있다고는 하지만 자기 집에서 감옥살이를 하는 것이었다. 반면, 이곳을 방문한 사람들의 경우에 그들이 겪는 이별의 고통은 전혀 다른 것이었다. 그리고 이렇게 불행을 통해 개개인의 행복이 중요해지는 순간, 페스트라는 추상성에 대한 우울한 투쟁은 삶 전체를 지배한다.

《페스트》는 페스트라는 병 자체보다 병이 어떤 식으로 개인의 삶에 영향을 미치며 변화시키는지에 관한 것이다. 카뮈가 그리는 20세기의 페스트는 병의 추상성만큼이나 신앙심을 부추긴다. 종교는 이 불행을 겪어 마땅할 위치에 올려놓고, 오만한 자들과 눈먼 자들에 대한 반성을 요구하는 신의 재앙이라고 웅변한다. 종교는 페스트를 더이상 추상이 아니라 "여러분을 향상시키고, 여러분에게 길을 제시하는" 진리가 된다고 주장한다. 그러나 도시의 후면에서는 박하 정제가 전염병의 예방에 좋다는 말 때문에 동이 난다. 보이지 않는 곳에서 박하 정제를 열심히 빨아먹는 것이 기도보다 더 효과가 있을지 모를 일이었다.

19세기 영국의 문학 가문인 브론테 가Brontë family의 앤Anne이 쓴 《아그네스 그레이》(1847)에서도 몸의 고통

자체보다 몸의 고통 때문에 종교를 불신하게 되면서 겪는 죄책감으로 마음에 더 큰 고통을 얻게 되는 과정을 보여준다. 아그네스가 방문한 가난한 아주머니 한 분은 관절염과 부은 눈 때문에 교회에 나가지 못한다. 그러나 교회에 나간다 해도 눈이 좋아질 것 같지는 않고, 그런 마음 때문에 목사님의 설교 또한 전혀 귀에 들어오지 않는 사실로 오히려 더 괴롭다. 자신의 영혼이 말라버리는 것 같은 데 대한 두려움이었다.

《페스트》에서 리유는 병이 사람들을 비참하고 고통스럽게 한다는 사실을 간과하고 병이 사람의 눈을 뜨게 하고 사람으로 하여금 생각하게 한다는 종교를 비난한다. 그에게는 치료가 급선무이다. 침묵하고 있는 하늘을 쳐다보는 대신 있는 힘을 다해서 죽음과 싸우는 것이 맞았다. 한편, 이방인인 랑베르는 여전히 보는 사람마다 하소연을 한다. 자신은 이 도시와는 무관한 사람이라고. 어서 이 고장을 빠져나가 사랑하는 아내 곁으로 가야만 한다는 생각뿐이다. 개인의 절박한 현실 속에서 페스트의 추상성은 행정부서가 실시한 통계 수치에 의해 더욱더 구체적인 것이 되어갔다. 늘어나는 사망자 수와 외출을 금지하는 포고문과, 위반자를 엄벌에 처한다는 위협이 아프다는 사실보다 사람들을 불행에 더 가까워지도록 만들었다.

사랑하는 여자가 기다릴까 봐 이 고장을 어떻게든 빠

져나가려고 백방으로 노력했던 랑베르였다. 그런 그가 떠날 수 있게 된 당일 마음을 바꾼다. 자기가 떠난다면 부끄러운 마음을 지울 수 없을 것 같다는 것이 이유다. 그렇게 되면 남겨두고 온 그 여자를 사랑하는 것도 거북해질 것이다. 행복을 택하는 것이 부끄러울 일이 아님에도 랑베르는 혼자만 행복하다는 것은 부끄러운 일이라고 말한다.

나는 늘 이 도시와는 남이고 여러분과도 아무 상관도 없다고 생각해왔어요. 그러나 이제는 볼대로 다 보고 나니, 나는 내가 원하건 원하지 않건 간에 이곳 사람이라는 것을 알았어요. 이 사건은 우리들 모두에게 관련된 것입니다.*

그러나 창궐하는 병을 낭만화시킬 수만은 없다. 병에 걸린 한 사람은 병에 걸리지 않은 사람을 위해 격리되어야만 하고 이미 병균에 침식된 어린아이는 고통스럽게 죽어간다. 그것은 살아남기 위한 것이 아닌 결국에는 죽음에 이르는 고통이기에, 질병의 추상성에도 불구하고 지켜보는 이들의 눈앞에서 실체로 보인다. 아이의 고통은 '죄'와 연관 지으면서 아이에게는 아무 죄가 없다는 주장을 편다.

* 알베르 카뮈, 《페스트》, 김화영 옮김, 책세상, 2007, 292쪽.

영화 〈눈먼 자들의 도시〉(2008)중에서

살아남은 자의 고통

유일하게 앞을 볼 수 있어서 오히려 고독을 느끼게 되는 영화 〈눈먼 자들의 도시〉 속 의사의 아내와 마찬가지로, 《페스트》의 베르나르 리유는 페스트로 고통받는 환자들을 지켜본 의사이자 살아남은 자로서의 회한과 무력함을 느낀다.

리유가 그토록 증오하는 것이 죽음과 불행이듯이, 질병은 그 추상성에도 불구하고 죄로, 불운으로 상징된다.

사람들은 병의 종말을 기다렸지만, 아무도 다른 사람에게 병이 얼마나 더 계속될지 물어보려고 하지 않았다. 병이 얼마나 더 오래갈지에 대해서는 전혀 알 길이 없다고 생각했던 것이다. 그러나 시간이 흐르고, 계절이 바뀌어도 병이 수그러들지 않자 사람들은 이 불행에 끝이 없는 게 아닐까 하는 두려움을 갖기 시작한다. 《오이디푸스 왕》에서처럼 누군가의 죄로 인한 천벌로 전염병을 받아들이는 사람들은 없었지만, 《페스트》에서도 전염병은 여지없는 재앙이었고, 사람들은 성당 안에서 신부님의 설교를 듣기보다 미신적인 비법을 구하거나 예언들에 매달렸다. 질병은 마치 운명이라고 불러 마땅한 경고였던 것이다. 보이지 않는 병과 치르는 끝없는 싸움은 쓰러지고, 고통받고, 죽어나가는 사람들의 모습을 통해서나 전해지는 어떤 것이었다. 그리고 죽어가는 사람이 사랑하는 사람을 남겨놓고 떠나면서 흘리는 눈물이 전부였다. 보이지 않는 질병은 죽음을 암시하는 나쁜 징조인 동시에 모든 법칙을 깨뜨리고 살아나게 하는 무엇이기도 했다.

질병은 단지 아픈 몸과 죽음이 아니라 마을 전체의 태도를 바꿔놓았다. 불행이 첨예하게 기승을 부리기도 했고, 그동안 알지 못한 사랑과 그리움을 처절하게 느끼기도

했으며, 자신들의 도시에 똑같이 살고 있었음에도 도리 없는 유배를 당한 것처럼 생각하기도 하였다. 마침내 병세가 누그러지기 시작했을 때조차도 기뻐하기보다는 조심스러워했으며 희망을 내색하지 않으려 했다.

리유가 페스트로부터 얻은 것은 그가 페스트를 겪었고 그것에 대한 추억을 가진다는 것, 우정을 알게 되었으며 그것에 대한 추억을 가진다는 것, 애정을 알게 되었으며 언젠가는 그것에 대한 추억을 갖게 되리라는 것이었다. 그것은 하나의 이미지이다. 카뮈가 지적한 '삶의 체온과 죽음의 이미지'인 것이다. 보이지 않는 질병과 싸워 이긴다는 것은 내기에 이기는 것이나 마찬가지였다. 의학기술에 동원되는 카메라의 진화에도 불구하고 어느 지점에서 의사도 손을 댈 수 없는 그 어떤 것, 더 이상 의학기술로 손쓸 수 없는 상태에 이른 것. 그리고 의사가 그것을 진단하는 순간은 모든 것이 불치병이 되는 순간이다. 그러나 병이 자취도 없이 사라지면 모든 것은 죽은 사람의 침묵 속으로 사라지게 마련이다. 그리고 살아남은 사람들에 의해 이야기가 되고 추억이 되며 부정이 된다. 그들은 자신들의 무력함에 대해, 그 어처구니없는 세계에 대해 부정하게 되는 것이다.

맹인을 이끄는 맹인

페스트가 인생을 보여주듯이 영화 〈눈먼 자들의 도시〉 또한 전염병을 통해 인간의 삶을 보여준다. 원인을 알 수 없는 감염으로 눈이 먼 사람들에 대한 격리를 정당화하려는 정부와 이러한 정부 대처방식을 신뢰하지 않는 사람들이 영화의 중심에 놓인다. 정부는 국가의 치료적 간섭과 통제에 기초한 공식 발표를 통해 '전염을 막기 위해' 눈먼 시민들을 격리하기로 '결정'한다. 눈이 먼 사람들은 방독면을 착용한 군인들이 보초를 서는 격리 수용소에 감금된다. 정부는 격리에 대해 "연구를 위한" 것이며, 개인이 눈이 안 보이는 것은 "여러분의 문제가 아니라 우리들의 문제"임을 강조한다. 그러나 사람들은 이 말을 믿지 못하고 자신들이 혼자라고 여기면서 강제적인 격리를 견디기 어려워한다.

그들은 《페스트》에서 "페스트가 대체 무엇입니까? 바로 인생이에요. 그뿐이죠"라는 말처럼 보이지 않는 질병 앞에 가장 원초적으로 변해간다. 그러나 그 원초성은 다름 아닌 질서와 권력이라는 일상생활을 그대로 옮겨놓은 것들이다. 더럽고 탐욕스럽게 먹을 것을 놓고 탐하고 싸운다. 이 속에도 여전히 인종차별이 존재하고, 이쪽 편과 저쪽 편을 나누며 배급 음식을 탈취해서 금품과 맞바꾸려 한다. 마침내 여자들이 배급품을 탈취한 자들과 잠을 자줘가면서 음식을 구걸해야 하는 상황이 벌어진다. 눈이 머

영화 〈눈먼 자들의 도시〉(2008) 중에서

폐허가 된 눈먼 자들의 도시

우리는 모두 볼 수는 있지만 보고 싶은 것만 보고, 보고 싶지 않은 것은 보지 않는 눈먼 사람들이 아닐까?

는 사태가 도시 전체를 지배하자 그들을 감시하던 모든 보초병들도 사라진다. 감금된 사람들은 거리로 나오고, 먹을 것을 찾는 사람들만 거리에서 목격할 수 있다.

"요새 세상은 어떤 모습이오?"검은 안대를 한 노인이 물었다. 의사의 아내가 대답했다. "안과 밖, 여기와 저기, 다수와 소수, 우리가 겪고 있는 일과 앞으로 겪어야 할 일 사이에 차이가 없어요.""그럼 사람들은, 사람들은 어떻게 대처하고 있죠?"검은 색안경을 썼던 여자가 물었다. "유령처럼 돌아다니고 있어. 이게 바로 유령이라는 말의 의미일 거야. 모두들 생명이 존재한다는 것은 알고 있지, 네 가지 감각이 그렇게 말해주니까. 하지만 그걸 보지는 못하잖아."

마침내 맨 처음 눈이 멀었던 남자가 앞을 볼 수 있게 된다. 원인도 없이 발생했던 병은 다시금 원인도 없이 사라지기 시작했다. 《페스트》에서 페스트가 예기치 않은 곳에 나타나는가 하면 굳게 뿌리를 박았던 곳에서 홀연히 자취를 감추어버렸던 것과 마찬가지로, 이 알 수 없는 병은 기승을 부릴 만큼 부린 후 제풀에 꺾인 듯 서서히 후퇴했다. 유일하게 눈이 보이던 여자는 비로소 자유를 느낀다. 그동안 자신만이 앞을 볼 수 있다는 사실은 보지 못하는 것보다 끔찍한 일이었다. 인간의 모든 추한 모습을 목격해야만 한다는 것은 그녀로서는 형벌이나 마찬가지였던 것이다. 의사의 아내는 일어나 창가로 갔다. 그리고 쓰레기로 가득한 거리, 그곳에서 소리를 지르며 노래 부르는 사람들을 내려다본다. 이어 고개를 들어 하늘을 올려다보았다. 모든 것이 하얗게 보였다. '내 차례구나' 하고 그녀는 생각한다. 그러나 두려움 때문에 눈길을 얼른 아래로 돌리자, 도시는 여전히 그곳에 있었다.

시야가 하얗게 되는 순간 의사의 아내가 생각한 '내 차례구나'는 공포라기보다는 체념에 가깝다. 그녀는 볼 수 있는 자만의 고통 속에 충분히 괴로웠다. 더 이상 이성을 부여잡지 못하고 무너져가던 남편과 수용소에 모였던 사람들은 그녀로 하여금 볼 수 있다는 데 대한 안도감과 기쁨을 모조리 앗아갔다. 세상은 더 이상 볼 수 있는 그녀를 위해 존재하지 않았던 것이다. 따라서 어떤 것이 무서운 상황인지는 단언할 수 없다.

에밀리 디킨슨의 '시 327'에서처럼 보고 싶다는 욕망 못지않게 본다는 것, 눈을 어딘가에 고정한다는 것이 공포를 유발할 수도 있다. 모든 것을 볼 수 있다 해도 눈을 어디에 두어야 할지를 알아야 해로운 진실을 비껴갈 수 있는 것이다.

내 눈이 볼 수 없기 전에

나 역시 보고 싶었네

보는 것 말고는 다른 방법을 모르는

눈을 가진 다른 존재들처럼

하지만 오늘 내가
하늘을 볼 수 있다는 말을 듣는다면
나는 당신에게 말하리
내 심장이 내 크기만큼 찢어지고 말 것이라고

초원들을 내가 볼 수 있고
산들을 내가 볼 수 있고
모든 숲들을, 수많은 별들을
그리고 정오를, 유한한 내 눈으로
볼 수 있을 만큼 볼 수 있고

하강하는 새들의 동작을
아침의 호박색 길을
내가 원할 때 볼 수 있다면
그 소식은 나를 죽게 만들 것이다

그러니 차라리 내 영혼을 유리창에 대고
다른 존재들은 태양을 개의치 않고
눈을 어디에 두는지
맞혀 보는 것이 더 안전하리라

오이디푸스가 진실을 알고 자신의 눈을 뺀 것처럼, 진실을 직시한다는 것은 그 어떤 것보다 잔혹하고 무자비할 수 있다. 진실이란 오이디푸스가 앎을 실천하면서 겪은 폭력성을 내재하고 있기 때문이다. 국가 전체의 안녕을 위한 일이었다 해도, 오이디푸스 개인에게는 파멸의 과정이었던 것이다. 이처럼, 진실을 본다는 것은 그 진실에 맞게 행동해야 하는 무거운 책임이 뒤따른다는 것을 의미한다.

16세기 유럽에서 맹인들이 무리를 지어 다니며 구걸하는 것은 흔하게 볼 수 있는 광경이었다. 피터르 브뤼헐의 〈맹인을 이끄는 맹인〉(1568)에서 맹인들은 결코 감상적인 모습으로 나타나지 않는다. 오히려 의사들이 판독할 수 있을 정도로 정확하게 눈 질환을 묘사하고 있다. 왼쪽에서 세 번째 사람은 각막백반증을 앓고 있고 그의 앞사람은 흑내장을 앓고 있다.

이 그림은 성서의 《마태복음》과 관련하여 해석되는 경우가 많았다. 즉 맹인이 맹인의 길을 안내하면 둘 다 참된 신의 세계로 가지 못하고 무지에 빠지고 말 것이라는 이야기다. 그러나 브뤼헐 자신은 그림 속의 맹인을 전체 인류를 상징하는 것으로 그렸다. 따라서 잔인하고 무책임한 지도자에 의해 무지한 자들이 희생된다는 측면에서 그린 것으로 보기도 한다. 그림은 경사진 땅과 나무로 된 목발과 더불어, 앞에서 무슨 일이 일어나는지도 모르는 사람

맹인을 이끄는 맹인

피터르 브뤼헐은 그림 속의 맹인을 전체 인류를 상징하는 것으로 그렸다.
잔인하고 무책임한 지도자에 의해 무지한 희생자들이 희생된다.

피터르 브뤼헐, 〈맹인을 이끄는 맹인〉(1568)

들의 절망적인 추락을 강조한다.

영화 〈눈먼 자들의 도시〉에서 어떻게든 감염을 피하려 하는 고위 관리자들은 눈먼 사람들을 감금하고 감시하는 체제를 선택할 뿐 달리 방법을 마련하지 못한다. 감옥이나 수용소와 다름없는 시설에 격리된 사람들은 궁지에 몰린 쥐처럼 공포에 떨다가 마침내는 먹을 것을 가지고 싸우고 빼앗고 죽이면서 추락하기 시작한다. 정부의 대책 실패와 감시하는 군인들의 잔인함, 그리고 환자들 간의 싸움은 보이지 않는 질병 앞에서 공포와 절망, 추악함을 여실히 드러낸다. 이렇듯 질병에 대처하는 인간의 태도는 인간 삶의 우화가 되기에 충분하다.

질병의 아이러니

그들의 사랑은 느리고 힘들기 짝이 없었으며, 그것마저
도 종종 불길한 징조로 방해를 받곤 했고, 삶은 끝이 없
는 것 같았다.

가브리엘 마르케스, 《콜레라 시대의 사랑》

콜레라와 상사병

전염병은 사람을 움켜쥐었다 갑자기 놓아주기도 하
는, 전쟁보다 예측하기 어려운 것이었다. 그러나 이 질병
보다 더 치유하기 어려운 것은 사랑의 실연이었다. 두 사
람 중 한 사람의 마음이 변하자 사랑은 무의미한 허상이
되었다. 가브리엘 마르케스의 원작을 영화로 만든 〈콜레라
시대의 사랑〉은 플로렌티노 아리사의 페르미나 다사에 대
한 사랑과 그녀를 기다린 51년 9개월 4일 동안 무려 622번
의 사랑을 했다는 사실을 주목한다. 그러나 그 사랑은 페
르미나 다사에게서 빠져나갈 탈출구라고 붙여진 다른 종
류의 사랑이었다.

소설 《콜레라 시대의 사랑》(1985)에서 전염병과 사
랑의 문제는 복잡하게 엉켜 있다. 제레미아 드 생타무르는
절대로 노인이 되지 않겠다며 예순 살에 목숨을 끊었지만,
플로렌티노에게 나이란 몸을 제외하면 현실성이 없는 것
이었다. 그러나 현실성이 없어 보이는 것은 플로렌티노였

다. 그가 첫눈에 사랑에 빠진 것도 그렇고, 페르미나에게 평생 충실할 것과 영원히 사랑하겠다는 맹세를 한 것도 그렇다. 그는 실연을 겪은 후에도 51년 9개월 4일이 지난 후 같은 여인 앞에서 그 맹세를 반복한다. 그리고 또다시 거절을 당한 이후 첫 고백일로부터 53년 7개월 11일의 낮과 밤이 지난 후에 다시 한 번 맹세한다. 그는 보편적인 비현실성을 현실로 실현시킨 사람이었다.

20대 초반에 페르미나를 처음 만나고 돌아와서 플로렌티노는 말도 식욕도 잃었으며, 하얗게 밤을 새웠다. 첫 편지에 대한 답을 기다리던 그는 설사를 하고 푸른색의 토사물로 인해 고통스러웠다. 방향 감각을 잃고 갑자기 기절하는 일이 생기자 그의 어머니는 콜레라를 의심했다. 심지어 늙은 동종요법同種療法* 의사조차도 콜레라를 의심했다. 플로렌티노의 맥박은 희미했고 호흡은 거칠었으며 죽어가는 얼굴로 식은땀을 흘렸던 것이다. 그러나 검사해보니 열도 없고 아픈 곳도 없었다. 의사는 다시금 환자의 상태와 어머니에게 이런저런 질문을 끝내고 나서야 상사병이 콜레라와 증상이 동일하다는 것을 확신하였다. 질병을 치료하기 위해 하나의 질병과 여타 다른 질병의 증상을 구별하는 것은 어려운 일

---

* 인체에 질병 증상과 비슷한 증상을 유발해 치료하는 대체의학의 일종으로 '유사요법'이라고도 한다.

이다. 여러 유사한 증상이 질병마다 중첩되기 때문이다.

플로렌티노의 어머니는 콜레라가 아닌 것이 확실하다는 소리를 들은 후에야 젊으니 가능한 한 모든 고통을 겪어보는 게 좋으며 이런 일이 평생 지속되는 건 아니라고 말하면서 기운을 북돋워주었다. 그러나 페르미나가 우르비노 박사와 결혼한 후에도 그녀의 남편이 죽을 때까지 기다리겠다는 플로렌티노를 보면서 어머니는 아들이 인생을 낭비한다고 걱정한다. 그녀는 사실 기억력이 쇠퇴하기 오래전부터 콜레라와 상사병을 혼동하고 있었다. 그만큼 아들의 사랑은 병적이었고, 사랑과 질병이 실체가 없다는 점에서 어머니의 혼동은 이해할 만한 것이었다. 그러나 추상성에도 불구하고 어떠한 증상은 분명 정신을 약화하고 육체를 쇠약하게 만든다. 따라서 치료 거부를 주장해야 하는 것은 아니다. 단지 비슷비슷한 증상들의 포개지는 범주를 어떻게 범주화할 것인가가 관건이다. 몇 가지 증상들이 하나의 질병으로 명명된다는 것은 증상을 가진 사람을 안심시킬 수도 있다는 장점 외에 자신의 증상이 '병'으로 규명되면서 불가피하게 환자가 된다는 것을 의미하기도 한다.

현실성이 없다는 것은 때로 더욱 현실적이다. 아버지의 반대로 만나지 못하는 동안에 플로렌티노의 편지로 인해 키워온 사랑은 그만큼 더 애틋했고 페르미나의 마음을 가득 채웠다. 페르미나는 플로렌티노를 불가능한 연인

영화 〈콜레라 시대의 사랑〉(2007) 중에서

콜레라의 유사증상인 상사병을 앓는 플로렌티노 아리사

플로렌티노 아리사는 말도 없어지고 식욕도 잃어버렸으며, 침대에서 뒤척이며 하얗게 밤을 새웠다. 늙은 동종요법 의사는 상사병이 콜레라와 증상이 동일하다는 것을 확인시켜 주었다.

이 아니라 '자신의 몸과 마음을 모두 바칠 수 있는 남편'으로 생각하고 있었다. 그리고 마침내 플로렌티노를 만날 수 있게 되자 그동안의 현실보다 더 절실했던 사랑이, 그래서 비현실적일 만큼 환상적인 사랑이 제대로 된 현실에 부딪힌다. 페르미나의 환상이 깨지는 지점이 바로 우리가 알고 있는 사랑의 그 잔인한 현실이다. 플로렌티노와 마주치자, 페르미나는 예전의 '사랑의 감동'이 아닌 환멸을 느낀다. 순간적으로 자신이 중대한 실수를 저질렀다는 것을 깨달으면서, "왜 그토록 오랜 시간 동안 그렇게 열정적으로 이런 망상을 키워 왔는지 모르겠다"고 놀란 마음으로 자문한다. 그녀는 마침내 "제발 부탁인데, 이제 그만 잊어버려요"라고 말하고는, 편지로 "오늘 당신을 보자 우리의 사랑은 꿈에 불과했다는 것을 알았어요"라고 알린다.

사랑은 이와 같이 예상하지 못한 지점에서 끝이 난다. 그것은 페르미나에게도 후유증으로 남았는지, 콜레라가 의심되는 증상을 겪고 앓아눕는다. 왕진을 오게 된 우르비노 박사는 최소한의 증상이라도 찾아내는 데 온 신경을 집중하지만 진단 결과는 음식 때문에 생긴 장염이었다. 이 만남을 계기로 우르비노 박사는 페르미나를 사랑하게 되고 페르미나는 우르비노 박사의 아내가 된다. 이로써 플로렌티노에게는 그 사랑을 되찾기 위한 51년 9개월 4일의 기다림이 오롯이 남는다.

노년의 법칙

소설에서 묘사되는 카리브 해의 도시는 《페스트》의 오랑 지방과 닮았다. 후베날 우르비노 박사에게 이 도시는 '밤의 공포와 사춘기의 고독한 쾌락'이 깃들어 있고, 시든 월계수와 썩은 늪지 사이에서 천천히 늙어 가는 것을 제외하면 '지난 4세기 동안 아무 일도 일어나지 않은 뜨겁고 황량한 도시'였다. 그는 마을을 휩쓴 콜레라에 희생되어 목숨을 잃은 아버지의 진료실을 차지한 후, 아버지가 사용했던 과학서적과 낭만적인 의학서적들을 다락방으로 집어넣고, 새로운 프랑스 학파의 의학서적들을 꽂았다. 그리고 벽에서 히포크라테스의 선서를 떼어낸 자리에 자신이 유럽 학교에서 최고 성적을 받았다는 것을 보여주는 증서들을 걸었다.

그러나 이 고장의 뒤떨어진 병원의 '고질적 미신'은 우르비노 박사가 싸워야 할 것이었다. 그의 고향 병원 의사들은 질병이 올라오지 못하도록 침대 다리를 물 항아리 안에 담가놓거나 수술실에서 정장을 입고 스웨이드 장갑을 끼도록 요구했다. 우르비노 박사의 어린 시절 물탱크의 식수에는 모기의 애벌레가 있어 남자들로 하여금 음낭 수종을 일으키게 했다. 병으로 인한 길고 커다란 음낭은 빛나는 남성의 명예였기 때문에 이 재앙에 대해 불평하는 사람들은 없었다. 우르비노 박사가 유럽에서 돌아왔을 때 물탱크의 물에 미네랄의 함유량을 증가시켜야 한다고 말했지만, 사람들은 명예로운 음낭 수종의 능력이 훼손될까 봐 그의 의견에 반대했다. 콜레라가 발생했을 때 지방 수비대의 요새에서는 화약이 대기를 정화한다는 미신에 따라 밤낮을 가리지 않고 대포를 쏘았다.

그의 아버지는 이 악몽의 시기에 영웅으로서, 공공 위생의 전략을 수집하고 이끌었다. 그러나 아버지의 방법은 과학에서 먼, 오히려 전염병을 조장하도록 하는 것이었다. 그리고 아버지 자신이 콜레라에 걸리자 다른 사람들에게 전염되지 않도록 외부와 차단하고 혼자 죽어갔다. 이때까지 우르비노 박사와 가족은 죽음을 다른 사람에게나 일어나는 불행이라고 생각했다. 그들은 느린 삶을 살고 있었고, 늙거나 병들거나 혹은 죽는 것이 아니라 시간 속에 조금씩 사라지고 안개와 같은 다른 시절의 기억을 망각으로 여기게 될 때까지 그 기억을 떠올리는 사람들이라고 생각했다. 아버지의 죽음 때문에 콜레라는 아들 우르비노 박사의 강박관념이 되었다. 당시 그 도시에서는 발생한 콜레라에 대해 가족을 격리 수용하는 등 엄격한 위생관으로 도시를 지켰다.

아버지의 시대가 가고 노화를 막기 위한 완화제를 처방하는 데 항상 반대 입장을 취했던 초기의 전투와도 같던 세월이 끝나자, 의사이자 스승으로 존경을 받고 그 누구보

영화 〈콜레라 시대의 사랑〉(2008) 중에서

늙는다는 것에 대하여

플로렌티노는 젊은 시절부터 유심히 관찰해온 늙음에 대하여 굴욕적이라든가 죽음에 대해 두렵다든가 하는 생각을 갖지 않았다. 죽는 날이 되면 페르미나에 대한 희망을 버려야 한다는 사실만 두려울 뿐이었다.

다 특권을 누리게 되면서 우르비노 박사의 일상 또한 판에 박히게 되었다. 늙은 그에게는 자신의 고통을 참는 것보다 남의 고통을 참는 것이 더 쉬운 일이었다. 첫닭이 울면 잠자리에서 일어났고, 그 시간에 자신만 알고 있는 약을 먹기 시작했다. 기분을 돋우기 위한 브롬화칼륨, 장마철마다 재발하는 뼈의 통증을 없애 주는 살리실산염, 현기증을 예방하기 위한 에르고스테롤, 숙면을 위한 벨라도나 등이 그러한 약이었다. 그는 시간마다 숨어서 무슨 약을 먹었다. 그렇게 반대했던 노화 완화제를 스스로 숨어서, 그리고 여러 약을 섞어 먹는 데 대한 두려움을 떨쳐내려는 노력을 해야 했다. 그리고 열린 화장실 창문 앞에서 십오 분 동안 숨쉬기 운동을 했다. 위장이 편안하도록 쓴 향쑥 꽃을 달인 물을 마셨고, 심장마비를 예방하기 위해 직접 마늘을 벗겨 빵과 함께 하나씩 의식적으로 꼭꼭 씹어 먹었다.

우르비노 박사는 갈수록 특허 의약품을 불신했으며, 수술의 보급을 걱정했다. 모든 약이 독약이며, 일반 음식의 70퍼센트는 죽음을 재촉하는 것이라고 생각했다. 그의 생각은 여러 면에서 옳다. 그는 "널리 알려진 몇 안 되는 의약품도 제대로 알고 있는 의사가 몇 명 되지 않는다"거나 "모든 사람은 자기 죽음의 주인이며, 죽을 시간이 왔을 때 우리가 할 수 있는 유일한 일은 아무런 걱정이나 고통 없이 죽도록 도와주는 것"이라고 말한다. 이처럼 그는 젊은 시절 유럽에서 배웠던 의학 사상에서 점차 숙명적 인본주의로 옮겨 오게 되었고, 그 지방의 민속 의학이 되어버린 극단적 사상을 가지게 되었다. 아이러니한 일이 아닐 수 없지만, 이것이 의료 영역이 미처 가닿지 못하는 우르비노 박사 자신의 늙고 병든 몸에 대한 경험의 결과일 뿐이다.

한편, 플로렌티노는 나이가 들면 생기는 비틀거리는 문제에 아주 예민했다. 젊었을 때에도 공원에서 시집 읽는 것을 멈추고는, 거리를 건너기 위해 서로 도와주는 노부부를 유심히 지켜보았다. 그들은 다른 사람이 아니라 마치 자기 자신의 침묵을 향해 말을 거는 것 같았다. 그 노인들은 플로렌티노에게 노년의 법칙을 보게 해준 삶의 교훈이었다.

남자들은 일종의 가을의 청춘을 맞이하면서 꽃을 피우곤 했다. 희끗희끗 흰머리가 나면서 더욱 근사해 보였고, 특히 젊은 여자들의 눈에는 순진하면서도 매력적으로 보였다. 반면에 시들어버린 그들의 아내는 심지어 자기 그림자와 부딪히지 않기 위해서라도 남편의 팔을 꼭 붙잡아야만 했다. 그러나 몇 년이 지나면 남편들은 이내 육체와 영혼의 굴욕적인 노화라는 절벽으로 굴러떨어졌고, 그때가 되면 원기를 되찾은 아내들은 그들이 불쌍한 맹인이라도 되는 양 팔을 붙잡고서 남편들의 자존심이 상하지 않도록 귀엣말로 앞을 똑바로 보라고, 계단이 두 개가 아니고 세 개이며, 거리 한복판에 웅덩이가 있고, 보도를 가로막고 있는 것은 죽은 거지라는 등의 말을 해주면서, 인생의 마지막 징검다리를 지나가듯 힘들게 서로 도우며 길을 건너곤 했다.

독일 작가 막스 피카르트Max Picard가 보기에 노인은 자신이 아기일 적에 거의 알지 못하는 사이에 침묵으로부터 받았을 말들을 자신이 세상을 떠나기에 앞서 침묵에게 되돌려주려 하는 것 같다.

노인의 움직임은 아주 느린 것이 마치 자신이 향해 가고 있는 침묵을 방해하지 않으려 애쓰는 것 같으며, 지팡이를 짚고 가는 노인의 걸음걸이가 멈칫하는 것은, 좌우에서 이제는 말이 아니라 죽음이 솟아오르는 난간 없는 다리를 걷듯 침묵 위를 걷고 있는 것처럼 보인다. 자신의 침묵을 가지고서 노인은 죽음의 침묵을 향해 간다. 그리고 노인의 최후의 말은 그 노인을 삶의 침묵으로부터 저너머 죽음의 침묵으로 실어 가는 한 척의 배와 같다.[*]

플로렌티노는 이러한 노인의 상을 통해 자신을 너무

[*]   막스 피카르트, 《침묵의 세계》, 최승자 옮김, 까치, 1993, 111쪽.

138

가브리엘 마르케스, 《콜레라 시대의 사랑》, 1989년 스페인판 표지

계속 갑시다. 계속해서 앞으로 갑시다

두 사람의 사랑을 지속시키기 위해 플로렌티노의 배 '신新충성호'는 콜레라 깃발을 달고 영원한 항해를 시작한다.

나 많이 보아 온 탓에 여자의 팔에 끌려가야 하는 굴욕적인 나이에 이르는 것뿐만 아니라 죽음에 대해서도 전혀 두려워하지 않았다. 단지 오직 그날이 되면 페르미나에 대한 희망을 버려야 할 것이라는 사실이 두려웠을 뿐이다. 그러나 플로렌티노의 페르미나에 대한 평생에 걸친 사랑이 집착만은 아니었다. 비록 오십 년도 채 안 되는 기간에 무분별한 벌목으로 마그달레나 강Rio Magdalena*이 예전의 그 풍광을 잃었지만, 플로렌티노는 그 기간보다 더 오랫동안 페르미나에 대한 사랑을 간직해왔다. 마침내 플로렌티노가 그녀의 손을 잡는 순간 심장을 얼어붙게 만드는 순정이었다. 그녀에게 키스를 하자, 나이를 먹은 페르미나에게서는 시큼한 냄새가 풍겼다. 그것은 인간의 발효 냄새였다. 그러나 그것은 플로렌티노 자신에게서도 풍길 똑같은 냄새였다. 두 사람은 함께 있으면서 느끼는 행복으로 충분했다. 그는 그들의 사랑을 지속시킬 방법을 생각해내었다. 바로 콜레라였다. 페르미나는 남편이 죽은 지 얼마 되지도 않아 배로 유람을 즐기는 자신의 모습을 다른 사람들에게 보이고 싶어 하지 않았다. 사람들은 그녀의 딸처럼 "그들 나이에 사랑이란 더러운 짓"이라고 비난할 것이었다.

---

*   콜롬비아를 남북으로 관류하는 강으로 이 나라의 핵심 내륙 수로이다. 안데스 산맥에서 카리브해로 흘러든다.

그러한 그녀를 위해 플로렌티노는 묘책을 생각한다. 그에게는 배가 한 척 있었다. 그 배로 짐이나 승객 없이, 그리고 어떤 항구도 들르지 않고 여행을 하는 방법이었다. 영업상의 의무를 마다하고 배에 아무것도 싣지 않는 방법은 노란 깃발을 게양하고 응급 상태로 항해하는 것이었다. 그것은 바로 콜레라 시대가 끝나지 않은 이때 배 안에 전염병이 발생하였음을 알리는 것이다. 선장은 항구 방역을 담당하는 보건성 소속의 무장 순찰대에게 승객이 세 사람이며, 모두 콜레라에 걸렸다고 대답했다. 이렇게 해서 플로렌티노는 선장을 향해 "계속 갑시다. 계속해서 앞으로 갑시다"라고 말한다. "진심으로 하시는 말씀입니까? 언제까지 이 빌어먹을 왕복 여행을 계속할 수 있다고 믿으십니까?"라고 선장이 묻는다. 플로렌티노는 53년 7개월 11일의 낮과 밤 동안 준비해온 "우리 목숨이 다할 때까지"라고 답한다.

이렇게 해서 플로렌티노와 페르미나의 사랑은 세속적 시선으로부터 보호받을 수 있게 되었고 항해는 그들이 죽을 때까지 지속될 것이다. 이것이야말로 마술이 아닌가. 53년 7개월 11일을 이어 온 노인의 기나긴 꿈이 콜레라 시대에 바로 콜레라를 매개로 성취되는 순간이다. "아브라카다브라."

인식적 차원

가끔 즐거운 생각이 떠오를 때도 있었다.

이를테면 어느 날 밤에 침대에 누워 책을 읽고 있을 때, 또는 부활절에 해변의 모래밭에 누워 일광욕을 하고 있을 때. 매끄러운 사기 계란처럼 파랗고 단단한 하늘… 그 하늘을 향해 비죽비죽 솟아난, 모래밭을 뒤덮은 희끄무레한 염생초… 파도의 노래… 쉿! 쉿!… 그리고 철썩거리는 아이들의 고함 소리… 정말 행복한 한때였다. 세상의 여신의 손안에 누워 있는 것 같았다. 좀 냉혹하지만 눈부시게 아름다운 여신… 제단에 놓인 새끼 양을 바라보고 있는… 휴버트와 함께 있을 때에도 뜻밖의 즐거운 생각이 떠오르곤 했다. 이를테면 특별한 이유 없이 일요일 점심으로 양고기 요리를 할 때라든가, 편지를 뜯을 때라든가, 방에 들어갈 때. 그녀는 그럴 때마다 혼자 중얼거렸다.

"바로 이거야, 정말로 이런 일이 일어났어. 바로 이거야!"

그 반대도 놀라웠다. 다시 말해서, 음악, 날씨, 휴일 등 모든 행복의 요소가 갖추어져 있을 때에는 아무 일도 일어나지 않았다. 그녀는 행복하지 않았다. 생활이 무미건조할 뿐이었다.

버지니아 울프, 〈새 드레스〉

아브라카다브라

질병이나 불행으로부터 자신을 지킬 수 있는 것은 '준비된' 사람만이 가능하다. 광고매체와 언론, 소비시장은 그렇게 말한다. 무엇보다 상품을 팔기 전에 시청자에게, 그리고 소비자에게 현명해질 것을 권고한다. 미래를 위해 현재를 흥청망청하게 보내서는 안 된다고, 암 보험과 각종 질병 보험, 종신 보험, 연금 보험 등의 노후 자금을 준비해야 한다고 강경하게 말한다. 그렇지 않은 사람들에 대해서는 미래에 대해 무책임하고 무모하며, 자식들에게 무거운 짐을 지우는 몰염치한 부모라는 낙인을 찍는다. 그렇게 하여 소비시장은 활성화되지만, 여과 없이 쏟아지는 담론 방식은 오히려 현대인을 초조하고 불안하게 만드는 소음이 되었다.

경고성 소음들은 특히 아무것도 준비할 의식 없이 살아온 베이비붐 세대인 50대들을 불안하게 만든다. 그리고 그들이 체험하는 불안은 다시금 40대를, 30대를, 20대를 불안하게 만든다. 상품들은 상품 자체의 유효성 대신 '불안'이라는 이미지를 생성해낸 것이다. 프랑스 철학자 롤랑 바르트가 지적한 대로, 이러한 이미지는 모든 시대를 위한 것인 것처럼 어느 날 신화한 것일 뿐이다. 사람들은 TV와 라디오, 인터넷이 전해주는 대로 체험하며, 원래 그런 것처럼 진리로 받아들인다. 그러나 원래 그래서가 아니라 지식을 진리로 반복해내기 때문에 사람들은 세뇌될 따름이다.

이때 '대세', 혹은 '유행'이라는 말에 유의해야 한다. 자율적인 인간으로 보장받았다 해서 대세에서 벗어난다면 어리석고 한심한 사람이 된다. 의학이 신종 질병을 발견할 때마다 질병은 유행한다. 이전까지는 불투명해서 불치로 방치해두었던 질병이 치료 방향을 찾게 된다면, 개인은 신종 질병을 의심해봐야 한다. 그렇지 않은 사람은 불행을 자초하는 사람으로 간주된다. 이렇듯 대세와 유행은 질병을 초기에 근절한다는 달콤한 약속과 더불어 '앎'으로 인한 불안과 공포를 증폭시킨다.

한국이 OECD 국가에 가입한 후 자주 듣게 된 것은 수치화된 평가였다. '자살'과 '행복', 심지어 '불행' 등의 항목에 대한 수적 평가가 행해지면서, 이런 추상적인 관념들이 유행하기 시작했다. 그리고 순식간에 우리는 행복하지 않은 국민이 되었다. 행복의 정의도 제대로 이해하지 못한 채 "왜 나는 행복하지 않은가?"에 대한 조급증을 유발시키면서, 행복해야 한다는 담론은 하나의 대세가 되었다. 행복은 마치 길어진 노년을 준비하는 것이고, 보험에 드는 것이며, 운동을 하는 것이고, 상조 가입을 하는 것으로 둔갑했다. 그렇게 하나의 기정사실로 환원되며 축소되었다. 그리고 그에 따라붙는 비용 처리만 그만큼 더 늘어났다. 따라서 은퇴는 평생의 노동과 헌신을 내려놓고 편안해지는 시기가 아니라 늙어서 병들어 지낼 불안과 공포의 미래를 예고할 뿐이다.

그러나 미래를 위한 이러한 것들의 준비는 불명료한 현대를 살아가는 사람들의 바람직한 자세가 아니라, 불안을 억제하기 위해 현재의 많은 것에 대한 포기가 담보되어야 한다. 우리의 삶은 '지금 여기', 이 순간의 놀라운 기쁨이나 꿈에 대한 이야기가 아니라 아직 오지 않은 '미래, 거기'를 위한 소모이다. 실패에 대한 두려움이 많아진 현대인은 더 이상 무모한 모험을 원치 않으며 자유롭다는 자기기만 속에서 자유롭지 못한 채 살아가고 있다. 모든 객관적인 행복의 요소가 갖추어져 있을 때에는 "바로 이거야, 정말로 이런 일이 일어났어. 바로 이거야!"라고 감탄할만한 일은 일어나지 않았다. 행복하기는커녕 권태로울 뿐이다. 행복은 현실 사회의 질서에서 욕망에 부응해야 하는 것이 되었고, 더 이상 "열려라 참깨!" 같은 마술적 발명이 아니다.

질병 또한 신체의 부위에 나타난 비정상적인 것으로, 제거 대상 이상의 의미는 없는 것이다. 질병에 대해 "엄마 손은 약손"이나 "아브라카다브라Abracadabra"*의 주문은

---

*　그리스도교의 이단인 그노시스파派의 한 유파인 바시리드파에서 질병이나 불행으로부터 지켜달라고 자비로운 성령의 도움을 기도할 때 사용한 주문. "내가 말한 대로 이루어라I create as I speak"의 뜻으로, 근대에 와서는 복잡하고 비과학적인 가설에 대한 경멸적 표현으로 사용된다.

```
A - B - R - A - C - A - D - A - B - R - A
  A - B - R - A - C - A - D - A - B - R
    A - B - R - A - C - A - D - A - B
      A - B - R - A - C - A - D - A
        A - B - R - A - C - A - D
          A - B - R - A - C - A
            A - B - R - A - C
              A - B - R - A
                A - B - R
                  A - B
                    A
```

주문을 외우는 순간

3세기에는 말라리아에 걸린 사람들에게 삼각형 모양의 '아브라카다브라'를
쓴 글을 지니고 있도록 처방했다.

철없는 어린아이나 하는 것으로, 비과학적이고 미신적이라는 비난에서 벗어나지 못한다. 오늘날 사람들은 취미로, 또는 장기자랑에서 보여주기를 목적으로 마술을 배운다. 마술이 보편적인 영역으로 들어온 것이다. 이제 마술은 더 이상 불가능을 가능으로 만드는 기적이 아니며, 신비의 힘을 일으키지도 못한다. 그것은 오로지 욕망을 투사한 물질적 허구에나 붙여질 수 있는 이름이 되었다. 일상을 상상 속으로 옮겨놓은 잡지와 TV 광고 속의 그림 같은 옷과 자동차, 집, 가구, 휴가, 여행을 보라. 그것들은 현실적 사물들이지만 손에 넣기에는 불가능한 고가의 것들이기 때문에 허구적이다. 그러나 어찌 되었든 현실적 사물이기 때문에 상상적 소비를 통해 더욱 크게 욕망되는 것들이다.

그럼에도 불구하고 우리는 그만큼 또 마술 같은 현실을 꿈꾼다. 원인 모를 페스트가 번져간 것처럼 행복이 밀려오기도 한다. 그것은 법칙에 의한 것이 아니다. 음악, 날씨, 휴일 등 모든 행복의 요소가 갖추어져 있을 때에는 오히려 아무 일도 일어나지 않는다. 버지니아 울프의 〈새 드레스〉(1927)의 여자처럼 가끔 특별한 이유 없이 즐거운 생각이 떠오를 때가 있게 마련이다. 그렇게 세상에 여러 개의 문이 열린다. 사랑의 문이, 모험의 문이 가능해진다. 마술은 믿는 것이 아니라 꿈꾸는 것, 그 느낌에 취하는 것이다. 그때 행복이 문을 열고 건너오는 것이다.

날건 말건?!

여기저기 아픈 몸은 일상 세계에 배어 있다. 특히 만성 질병은 개인의 삶 곳곳에 순간마다 발현된다. 많은 예술가들 중에 질병을 앓았던 이들은 질병이 삶의 일부였다는 것을 그들의 작품을 통해 보여준다. 아니 에르노의 어머니가 기억을 상실해가는 식으로, 《콜레라 시대의 사랑》에서 우르비노 박사 또한 건망증의 증세를 시작으로 극단적인 망각의 상태에 이른다. 그는 기억을 떠올리기 위해 주머니에 구겨 넣은 메모 종이가 무슨 의미였는지조차 잊어버렸으며, 안경을 쓰고도 안경을 찾는다며 집 안을 뒤졌다. 문을 잠근 후에도 다시 열쇠로 돌리며 잠갔고, 책을 읽어도 논지의 가정이 무엇인지 혹은 작중 인물들의 관계가 어땠는지 잊어버려 의미를 제대로 파악하지 못했다. 마침내 자신의 이성에 대한 불신으로 불안에 떨어야 했다. 가톨릭의 골수 신자가 아니었더라면 늙는다는 것을 제때에 막아야 하는 꼴사나운 상태라고 생각했던 친구 제레미아드 생타무르를 뒤따랐을지도 모른다.

더 젊은 시절의 상태를 기억하는 나의 몸은 교차하면서 다가오는 늙음과 질병이 낯설고 수치스럽다. 몇 년 전 나는 각막염을 앓았다. 병원 검사와 치료를 받았지만, 눈물이 나고 가려울 뿐 전혀 호전되지 않았다. 동네 병원이라서 제대로 진단을 하지 못했나 싶어 대학병원까지 가서

정밀 검사를 받았으나 알레르기성이라고만 말해주었다. 그때부터 나의 시력은 급속도로 나빠졌고 눈물이 날 때는 눈물 약을 사용하고 눈을 쉬게 할 도리밖에 없었다. 오래 일하면 생기는 시력 저하와 눈물의 증상을 일상적인 것으로 받아들이고 익숙해져야만 했다. 익숙해진다는 것은 쉽지 않은 일이었다. 그렇다 해도 비정상이거나 질병 상태에 있다는 생각은 들지 않았다. 질병이라고 여겼다면, 앞에서 이야기한 60대 부부의 남편처럼 불편함을 느낄 때마다 병원 문을 들락거렸을 것이다.

내가 경험한 각막염의 경우도, 시인 황동규가 겪은 비문증飛蚊症의 경우도 마찬가지다. 비문증을 앓는 시인처럼 만성 질병을 몸에 들여놓은 채로 살아가야 하는 경우가 치료를 통해 증상을 호전시킬 수 있는 비율보다 높다. 비문증은 마치 눈앞에 모기가 나는 것 같은 현상으로 시인이 책을 난독해서 생긴 병이다. 어느 가을 증세가 심해져서 눈을 꽉 감았다 떴는데도 안 없어져서 고생하는 중, 시를 쓰다가 문득 '(모기가) 날면 어때'라는 시구가 떠올랐다. 그것이 시 '비문'이 되었다.

잠깐 스친 비에 젖다 만 낙엽을 밟으며
석양을 만나러 갔다
어떤 이파리는 아직 살아 있다는 듯

빨갛게 익은 얼굴로 바지에 달라붙기도 했다
구절초들이 시들고 있었고
날개 가장자리 몇 군데 패인 네발나비가
꽃 위에 앉아 같이 시들고 있었다
세상 구석구석을 찬찬히 녹이는 황혼,
마치 거대한 동물의 내장 같군,
누군가 말했다

늦가을 저녁
나무, 꽃, 나비, 새 들이 그대로 녹는 빛 속에
벌레 하나 눈 속에서
녹지 않고 날고 있다
고개를 딴 데 돌려도 날고 있다
눈을 한참 꾸욱 감았다 뜬다, 눈물이 고일 만큼.
눈물에도 녹지 않고 날고 있다
날건 말건!

시에서 "날건 말건!"은 자신의 눈에 비문이 보일 때
마다 타이르는 주문과도 같다. 시인은 증세가 있을 때마
다 이 말을 했고, 효과가 있었다. 그 뒤로는 생각날 때만 모
기가 날고 보통 때에는 보이지 않게 되었는데, 완전히 낫
지는 않았지만, 분명히 증상이 완화되었다. 비문증은 노화

와 관련된 질병으로 호전되기 어렵다. 어떻게든 그 증상에 익숙해져야 했을 것이다. 그는 이것을 삶과 시의 공생으로 설명했는데, "날건 말건!"을 통해 "자신의 통증을 의식하지 않도록 다짐하는 설득의 내면화 과정"*을 거쳤다. 이로써 정상적인 것과 병리적인 것의 경계는 개인이 느끼는 괴로움의 정도에 따라 병원에 가거나 혹은 가지 않는 선택 상황이 되면서 불분명해진다.

이처럼 병원 치료로도 아프기 이전의 몸으로 완전히 회복되지 못하는 경우가 많다. 이를테면, '완치'의 개념은 일상으로 복귀가 가능해지는 것이지 아프기 이전과 똑같은 상태가 되는 것은 아니다. 어릴 때 폐결핵을 앓고 완치가 되었어도 폐는 상당한 손상을 입는다. 나이가 들어 폐에 이상이 생기는 것은 그러한 상흔이 남아 있기 때문이다. 몸은 나의 의식을 건드리면서 어떤 조치를 취하도록 요구하지만, 증상을 불가피하게 내 몸 일부로 받아들여야 하는 경우가 따르는 것이다. "날건 말건!"의 '느낌표'로 우리 몸을 다독이면서 삶을 지속시켜가야 하는 것이다. 그렇게 몸을 다독거리면서 급성 질병을 다스리는 것은 나의 아버지도 마찬가지다.

---

*   최은주, 〈일상으로서의 질병과 몸〉, 《일상 속의 몸》, 몸문화연구소 편, 쿠북, 2009, 80쪽.

나의 아버지는 병원에 가시지 않는다. 감기에 걸리면 ○○A, 소화가 안 될 때는 ○○수, 상처가 났을 때는 빨간약, 결릴 때는 ○○파스면 그만이다. 이런 것들은 언제나 가까운 약국에서 구입 가능한 비상약들이다. 약효는 100퍼센트가 아니라 적정 수준을 회복했다고 느낄 정도다. 이후에 느껴지는 잔여 증상은 수면과 식사 등의 일상적 행위를 통해 '그만하면 거동하는 데 문제없다'는 자기 합의를 거쳐 사라진다. 이제 일상생활로 복귀가 가능해진다. 물론 완전 치유가 아닌, 대충 회복한 상태이기 때문에 질병 이전의 몸에 익숙해져 있던 나를 결여 상태의 현재 몸에 적응시켜야 한다.

그런데 요즘은 황동규 시인의 "날건 말건!"의 자기 주문식 느낌표가 "날건 말건?"의 물음표로 전환되고 있다. 과학기술 전문가인 라메즈 남Ramez Naam이 《인간의 미래》(2005)에서 지적한 대로 인간은 계속해서 인간의 욕망을 충족시키는 방향으로 발전해왔다. 걸리버처럼 인간은 영원한 삶을 원했고 그것은 새로운 도전과 발견으로 진행되어 왔으므로 더 나은 치료법은 물론 인간의 능력을 강화시키는 의료기술까지 가능해졌다. 그것은 더 이상 종교에서 우려하는 신에 대한 도전이 아니라 '가능한' 영역의 확장인 것이다.

그런데 눈부신 의료기술의 발달과 반대로 여전히 의

학 분야에서 놓치거나 간과하는 구멍들이 있다. 그 구멍들은 의학 개발이 지향하는 방향성과도 관계가 있다. 생명 구제의 지평이 질병 자체의 제거 및 절단을 중심으로 이루어졌으므로 거기에 달라붙는 부작용이나 합병증은 부수적이다. "이건 상당히 아픕니다"라든가 "재발할 가능성이 있습니다"와 같은 식의 설명은 사실일지는 모르지만, 비어 있는 언어인 것이다.

앞에서 이야기했듯이, 질병은 그 자체로는 존재하지 않는, 인간에 의해 이름이 붙여진 추상적 총체이다. 인간이 이름 붙인 외에는 확실한 것이 없기 때문에 질병의 추상성은 인간에게 두려움과 공포를 증폭시킨다. 그리고 내몸의 통증을 통해 실재하는 것이 된다. 그래서인지 질병은 재앙이자 추한 것으로, 회화의 전통 속에서 악귀의 모습으로 그려졌다. 알베르 카뮈의 《페스트》에서처럼 전혀 예기치 않은 곳에 나타나는가 하면, 홀연히 자취를 감추어버리기 때문에 인간을 무기력하게 만든다. 오늘날의 눈부신 의학기술 발전에도 불구하고, 여전히 앓았던 질병의 흔적이 몸속에 남는다. 그런 의미에서 현대인은 어느 정도 난치병 또는 불치병 하나쯤을 안고 살아간다. 그럼에도 불구하고, 외관상의 장애로 질병이 드러나는 몸을 가졌다면 그렇지 않은 사람들로부터 "집에나 있지, 뭐하러 나왔어?"라는 핀잔과 눈총을 받는다. 질병은 개인이 겪는 고통을 넘어 보는 사람에게 혐오스럽고 비위 상하는 것으로 실존한다. 따라서 질병을 앓는 사람은 수치심을 느끼고 그것이 자신의 결함인 듯 숨어들게 되는 것이다. 재활할 기회가 있음에도 불구하고 미스 마치몬트처럼 상실감과 좌절감에 빠져든다.

2010년에 미국 네브라스카 주에 잠시 머물 때 지역 신문에 소개된 전시회에 가게 되었다. 그날이 전시 개막식이어서 작가와 이야기를 나눌 기회가 있었는데, 그의 작품은 특이한 이력을 담고 있었다. 작가는 뉴멕시코 출신의 에디 도밍게즈Eddie Dominguez라는 조각가였다. 그의 작품은 어깨로부터 허리까지 토르소 모양의 세라믹으로 색색의 꽃이 가득 새겨져 있었다. 그는 예전에 사고로 허리 부상을 입었고, 병원 신세를 져야 했다. 그 후, 치료가 끝나서 집으로 돌아왔지만 통증과 불편함은 사라지지 않았다. 병원 치료는 사고 이전의 몸을 완전히 복원시키지 못한 것이다.

이때부터 사고 전에는 한 번도 생각해보지 않았던 자신의 몸에 대해 의식할 수밖에 없었다. 그것은 선택이라기보다는 불가피함이었다. 그때부터 토르소 모양의 세라믹을 캔버스로 삼고 조각을 시작했다. 이 작업은 바로 자신의 불편함을 다루는 작업이었다. 세라믹을 놓고 자신의 허리에서 가장 고통스러운 부위와 꼭 같은 위치에 가장 화려한 꽃들이나 십자가를 새겨 넣었다. 이러한 작업은 질병의 고통을 짊어지고 살아가야 하는, 그리고 그것을 몸에 길들이면서 마치 원래부터 자신의 것인 양 호흡할 수 있도록 하는 설득의 과정이었다.[*]

이렇게 했다고 해서 그가 회복한 것은 아니다. 그는 작업을 통해 시인 황동규와 마찬가지로 주문을 외우는 것이다. "낫건 말건" 대신에 "아프건 말건"이라고 말이다. 이것은 그가 치료를 거부했다는 것이 아니다. 의학은 주로 표준적 증상에 대략적으로 맞춘 회복을 돕는다. 내가 치료로 인해 아프기 전의 몸을 복원할 수 있다면 다행한 일이다. 그러나 그렇지 못할 수도 있다. 개인마다 정도가 다르게 고통이 남기도 한다. 이때 나는 어떻게 해야 하는가? 그때 선택할 수 있는 것들은 무엇일까? 고통에 좌절할 수도 있고 고통을 이겨낼 수도 있다. 혹은 좌절과 극복이 순간마다 교차하기도 한다. 이때 나의 자세는 건강한 사람과는 다른 층위의 삶을 경험한다. 삶이 확장되는 것이다. 그것은 기계적으로 삶을 반복하는 사람은 알지 못하는 느낌들이다. 사건과 부딪치고 사람을 만나는 것으로만 삶을 확장되는 것은 아니다.

확장은 깊은 사색을 통해 이루어진다. 질병이 가진

---

[*] 최은주, 〈그로테스크한 몸인가, 그로테스크한 세계인가〉, 《그로테스크의 몸》, 몸문화연구소 편, 쿠북, 2010, 162쪽.

에디 도밍게즈, 〈토르소〉(2008년경)

가장 큰 고통이 가장 화려한 꽃이 되는 순간

셉티머스의 아내가 남편을 숨겨야 하는 실패로 여기는 것과 달리, 에디 도밍게즈의 고통은 가장 밝고 화려하게 재현된다.

침묵에 다가가는 순간, 사물도 이전의 똑같은 사물이 아니다. 질병의 침묵 속에서 사물은 언어활동에서 해방된다. 시간 또한 다르게 인식된다. 시간은 더 이상 숫자로 인식되는 그 시간이 아니다. 그냥 1분이 아니다. 그것은 영원일 수도 있다. 또는 1초도 안 되는 짧은 순간일 수도 있다. 전자레인지 앞에 서서 기다리는 1분과 출근 시간이 정해진 아침 침대에서 1분만 더"라고 외칠 때의 1분이 엄연히 다르듯이 말이다. 고통은 전진하던 삶을 멈추게 한다. 그리고 그동안 중요하게 여겼던 것들과 우선시했던 것들을 순식간에 바꿔버리기도 한다.

피카르트는 《침묵의 세계》에서 뇌졸중에 걸린 어떤 교수에 대해 소개한다. 교수는 과거에는 말한다는 것은 쉬운 일이었고, 너무 쉽게 말이 나왔으나 그 말은 다른 어떤 말로부터 재빨리 튀어나온 것이지, 침묵으로부터 천천히 솟아오른 것은 아니었다고 이야기한다. 지금은 '병 덕분에' 한마디 말이 음성으로 변할 때 하나의 사건이 되고, 침묵으로부터 다시 한마디 끌어내면 그것은 하나의 창조와 같다. 건강했을 적에 결코 이루지 못했던 것, 즉 침묵으로부터 말이 나오는 것을 비상한 일임을 체험하는 것을 병을 통해 이룰 수 있게 된 것이다. 교수는 그렇게 자신의 병을 초월했다. 병을 통해 더 이상 과거의 그가 아니게 되었다. 그것은 활동적이던 프리다 칼로가 교통사고 후 석고붕대에 꽁꽁 묶여 누워 있어야 했던 그 기나 긴 시간들 이전과 이후의 달라진 삶과 같다.

병의 통증은 다른 경험과 마찬가지인 하나의 경험이다. 뇌졸중에 걸린 교수와 프리다 칼로는 관찰자의 태도로 자신의 몸과 함께 공존하고자 하였다. 이것은 수전 웬델 Susan Wendell*이 제시한 '초월'의 자세와 맞닿는다. 즉, 현재의 통증이 삶의 전부가 아니고 전적으로 삶의 질을 좌우하는 것도 아님을 깨달으면서 아픈 가운데에서도 할 일을 계획하고 실행할 수 있는 태도이다. 병과 맞서야 하지만, 고통에 의한 다른 차원의 존재 양식, 타인과는 절대 공유될 수 없는 새로운 인식의 세계에 들어서는 순간이다.

* 수전 웬델은 만성질환을 얻게 된 후 자신의 경험을 가지고 페미니즘과 장애학의 연관성을 연구하였다. 이로써 새로운 페미니스트 관점의 장애 이론을 만들어냈다. 저서로 《거부당한 몸》(1996)이 있다.

정상과 비정상

신화는 무엇인가를 의미하는 동시에, 그것을 강제적으로 명시하며, 우리가 무엇인가를 이해하도록 하는 동시에 우리에게 그 무엇을 강요하는 것이다.

롤랑 바르트, 《신화론》

말은 진리를 통해 비로소 그 지속성을 얻게 되고, 진리를 통해 하나의 독자적인 세계가 된다. 그리고 진리를 통해 말에 지속성이 생기는 까닭에 말은 소멸하지 않는다. 말이 생겨 나왔던 침묵은 이제는 진리를 둘러싸고 있는 신비로움으로 변하게 된다. 진리가 없다면 말은 침묵 위에 드리워진 막연한 말의 안개에 불과할 것이며, 진리가 없다면 말은 하나의 불분명한 중얼거림으로 와해되고 말 것이다.

막스 피카르트, 《침묵의 세계》

뫼비우스의 띠

육체에서 정상적인 것과 병리적인 것을 평가하려면 그 육체의 너머를 바라보아야 한다. 캉길렘은 재미있는 비유를 덧붙인다. 난시와 근시의 결점이 농경사회나 목축사회에서는 정상일지라도 항해사나 조종사에게는 비정상이다. 인류가 기술적으로 이동 수단을 발전시킨 순간부터 인간은 자신에게 필요하거나 이상이 된 어떠한 활동이 금지되어 있을 때 비정상적이라고 느낀다. 인간의 심리적 삶에 대한 정상성 척도와 사회적 삶 전체와 관련된 정상성 표상이 가능해지는 것이다. 고령화의 영향으로 정상적인 노화현상 중 하나였던 근력감소가 더 이상 정상이 아닌 사르코피니아sarcopenia라는 질병명이 붙고, 의료적 처치의 대상이 된 것이나, 미국에서 50대 이상을 대상으로 한 기억력 테스트에서 같은 연령 집단의 하위 16퍼센트에 속하면 노화 관련 기억 장애증AAMI, Age Associated Memory Impairment으로 분리, 치료대상에 포함시키는 것이 그런 예에 속한다.

정상성에 대한 이야기를 좀 더 확장해보자. 내부와 외부 같은 구별, 정상과 비정상, 미와 추는 경계가 없으면 불가능하다. 사실, 우리가 사회적 주체로 구성되기 위해서 경계의 설정은 필수적이다. 모든 사회는 건강과 질병, 미와 추, 남자와 여자, 정상과 비정상 등의 상징적 차이를 구분한다. 따라서 정상 혹은 건강이라는 관념적 목표에 도달하기 위해 사회적·문화적으로 끊임없는 도전이 행해졌다. 이러한 노력의 일환으로 정신과 의사들은 정신적으로 병적이거나 비정상적인 정신 상태의 일반적인 본질을 정의하였다. 그들은 병적이거나 비정상적인 것과 정상적인 것의 관계를 규정하는 데 크게 공헌한 것이다. 정의된 차이와 경계를 내면화하지 않는다면 셉티머스처럼 사회의 구성원이 될 수 없다. 단, 지나치게 고정된 경계는 주체를 질식시킬 수 있다. 그래서 경계는 세워지는 순간에 위반되고 위반되는 순간에 재설정되는 끊임없는 진행형의 과정으로 이해해야 한다.

노화는 건강의 자연스러운 과정이고 건강은 진화 과정상 일시적인 적응 상태에 불과하다. 따라서 정상과 비정상이라는 경계가 세워지는 구분점이 될 수는 없다. 이런 점에서 질병은 중립적인 언어이다. 미셸 푸코가 말한 대로 말하는 주체와 말해지는 대상 사이에 존재하던 지식의 태도와 그곳에서 재주를 피우게 된 언어의 새로운 모습인 것이다.

중립적인 언어를 가진 질병에 대해 의학적 결정을 내리는 일은 어려운 것이다. 질병은 의사의 판단뿐만 아니라 환자 자신의 평가와 사회 환경의 지배적인 생각이다. 그렇기 때문에 정상과 건강의 경계는 담론적 효과이며 사회적으로 구성되는 이데올로기적 구성물인 것이다. 그리고 병은 환자마다 제각각이다. 개인을 넘어서는 기준들을 가지고 병에 걸렸다고 결정짓는 것은 불가능하다. 병은 개인에게 개별적이고도 고유한 징후이다. 결국 고통 또한 오롯이 개인의 문제로 남는다. 프랑스 작가 모리스 블랑쇼Maurice Blanchot의 《죽음의 선고》(1948)에서 고통스러운 상태에서 보낸, 그리고 여전히 아픈 상태의 환자가 표현할 수 있는 최대한의 언어는 '일종의'라고 전제하는 '차디찬 눈사태 같은 것'이며 '공허한 이미지들의 역겨운 붕괴'이다.

그것은 개인적이고 주관적인 경험으로서, 느껴지는 것일 뿐 언어로 전달하는 과정에서 의미를 파괴시킨다. 고통으로부터 나오는 비명과 울음 그리고 신음과 탄식은 몸의 틈새로부터 나오는 소통 불가능한 소음인 것이다. 따라서 누구와도 그 고통을 똑같이 나눌 수 없지만, 아무것도 아닌 것이 아닌, 오히려 훨씬 더 분명한 느낌들이다. 그것은 프랑스 시인 폴 발레리Paul Valery의 말대로 우리에게 가장 고유한 것이자 가장 낯선 것으로 느껴진다.

그런데 질병을 '정상성'으로 제시하는 사람도 있다.* '정상성으로서의 질병'이란 비정상으로 조명되는 질병에 주목하는 것을 최소화하면서, 질병과 질병이 부과하는 어떤 요구나 제한에도 불구하고 아픈 사람이 '정상적' 삶을 살고 있다는 주장을 핵심으로 담고 있다. 질병 이전의 삶에 근접한 상태로 되돌리지 못한 몸은 질병의 잔여를 담은 장애의 상태로 더 오랜 기간 살아가야 한다. 그때, 몸은 《빌레트》의 루시처럼 정상과 비정상의 경계 자체가 아닌,

---

*   아서 프랭크Arthur W. Frank는 《몸의 증언》에서 질병으로 인한 고통에 대해 서사적인 접근을 시도했다.

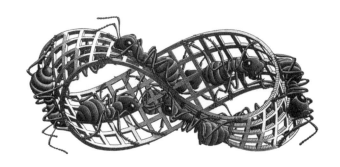

M. C. 에셔, 〈뫼비우스의 띠 II〉(1963)

개미는 어느 쪽 띠로 걷고 있는가?

경계는 세워지는 순간에 위반되고 위반되는 순간에 재설정되는 끊임없는 진행형의 과정이다. 건강은 진화 과정상 일시적인 적응 상태에 불과한 것이기 때문에 정상과 비정상이라는 경계가 세워지는 구분점이 될 수는 없다.

몸의 주체로서 자아를 재창조하는 삶 위에 놓여야 한다. 이것은 물론 사회적 상징 질서에 의해 빗금 쳐진 비/정상성이 아니다. 뫼비우스의 띠에서처럼 오히려 그 경계가 희미해질 때, 즉 비정상을 더 이상 비정상이라고 여기지 않을 때 가능해지는 정상성이다.

그렇기 때문에 정상적인 것이 엄격한 집단적 구속력을 갖지 않고 개인적 상태와의 관계에서 변화하는 기준을 가진다면 정상적인 것과 병리적인 것의 경계는 불분명해질 것이다. 대신 한 사람, 개인에서는 그 경계가 분명하다. 이 판단을 내릴 수 있는 것은 개인이다. 새로운 환경이 그에게 부여하는 업무를 수행하기에 부족하다고 본인이 느끼는 바로 그 순간에 괴로움을 겪는 것은 개인인 것이다. 절대적인 권위가 사라진 현대성의 특성으로 인해 개인 자신에 대한 집중이 강화되었고, 개인의 경험 범위에 따라 정보의 수집은 다양하게 이루어지지만, 이것은 여러 권위의 집약이 될지 맹신이 될지 알 수 없다. 이러한 개인적 경험을 근거로 한 의료 방식의 수집은 자본주의 사회에서 경험을 상품화하면서 확립된 것일 수도 있다.

제약회사들은 단지 의약품 광고만을 하지 않는다. 먼저 질병을 목록화한다. 목록화한 질병에 대한 지식을 제공하면서 이상적인 라이프스타일을 제시한다. 운동과 비타민과 좋은 식단을 소개한다. 그리고 무엇보다 일상적으로 참는 데 익숙했던 고통이 질병으로 확장하어 목록으로 재정립된다. 속 쓰림 같은 일상적인 고통이나 수줍음과 같은 자신감 상실이 그렇다. 이러한 것들은 예전에 병이라고 생각하지 못했던 것들이다. 속 쓰림 대신 '위 식도 역류'로, 수줍음 대신에 '사회불안장애'로 병명이 재정립되는 순간, 증상은 의학 분야로 넘겨지면서 치료를 요하는 질병으로 여겨진다. 그리고 병으로 의식하지 못했던 과거를 의학기술의 수준이 낮았던 탓으로 돌린다. 이제 광고는 당당하게 "생리 전 증후군은 질병입니다"라고 말한다. 내려앉아 있던 침묵이 걷히면서 불투명했던 증상은 속 시원한 질병으로 규정된다. 물론 특정 병명이 있다는 것은 치료 가능한 약이 있다거나 적어도 시도해볼 만한 의료처치방법이 있다는 말이다. 이제 이름을 얻은 질병은 더 이상 예전의 불특정한 증상으로 퇴화할 수 없고, 그 자체가 진리가 된다. 그리고 전복되지 않는 한 진리는 지속되는 권위와 명성을 걸치면서 신화로 남는다.

그러나 언어의 속성은 불완전함이고, 가장 간결한 언어로 복잡한 질병의 증상을 집약하는 일은 마치 코끼리의 신체 부위를 만지는 것과 같다. 어떤 한 질병과 다른 질병은 주로 유사성에 의해 판단된다. 따라서 수많은 질병에 '유사' 또는 '의사擬似'라는 말이 따라다닌다. 그럼에도 불구하고 18세기에 유행했던 상상병처럼, 오늘날의 건강 염려

중은 의학기술에 따른 질병의 세분화에 따라 건강뿐만 아니라 질병까지 장려한다. 그런데 어떤 사람은 종양을 떼어내는 수술만 받고 항암 치료는 포기했다. 그가 수집한 정보 중에는 주류적 의학의 입장뿐만 아니라 그에 불일치하는 대안적 입장도 있었기 때문이다. 물론 "어느 쪽이 옳은가?"의 문제에서 그가 내린 결정은 중대한 결과를 가져올 수 있다. 따라서 개인의 삶에 미칠 직접적 영향과 관련한 위험의 전망은 지식을 놓고서 의심과 맹신이라는 문제를 한층 복잡한 층위에 올려놓는다.

불신과 맹신

의사의 치료를 어디까지 믿고 받아들여야 할 것인지에 대한 의심은 기든스가 지적한 현대성의 추상적 체계에서 불가피한 일일지도 모른다. 그는 《현대성과 자아정체성》에서 환자의 딜레마와 의사의 딜레마에 관해 지적한다. 완치가 어려운 질병으로 고생한 환자는 좋다는 여러 가지 치료를 경험한다. 상이한 접근법을 가진 다양한 주장들을 저울질하면서 그중 하나를 선택해야 하지만 어떠한 압도적인 권위도 존재하지 않는다. 그러나 이런 수고가 무의미한 것은 아니다. 이런저런 경쟁적인 치료법을 찾는 중에 환자의 행동 양식이 갖춰지는데, 이 속에는 라이프스타일

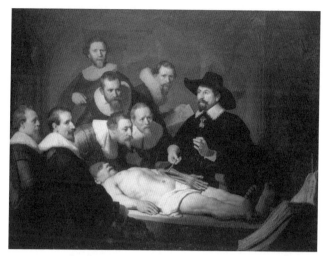

렘브란트 판 레인, 〈니콜라스 튈프 박사의 해부학 수업〉(1632)

보는 것이 믿는 것이다

임상의학은 질병을 시각적이고 공간적인 것으로 바꿔놓으면서 발전되어 왔다. 전통적인 민간의학이 과학적인 의학으로, 종교적 세계관이 세속적 세계관으로 변화하면서 질병의 고통에 맞서는 방식과 치료법 또한 변모하였다.

과 존경과 같은 것들이 결합하면서, 추천받은 의사에게 결정적으로 의존하게 된다.

그러나 이러한 결정 속에도 여러 위험 요소들이 숨겨져 있다. 전문가들의 의견 또한 불일치하기 때문에 최종적 권위자가 없는 체계에서 전문가 체계를 뒷받침하는 가장 선호되는 신념들조차 언제든지 수정될 수 있기 때문이다. 다시 말해, 환자는 '충분히 성찰하여 얻은 신념을 가지고 이행하지만 전문가가 가진 딜레마 때문에 그것은 부분적으로만 보증될 수 있을 뿐'이다. 이 점에 대해서는 푸코도 이미 지적한 바 있다. 의사들이 각 환자들에게 알맞은 치료법을 찾아주기 위해 객관적인 법칙을 발견해야 한다고 생각했지만, 이것은 '기적'을 발견하는 만큼이나 어려운 일이다. 의사의 권위와 그것을 무조건적으로 맹신하고 싶은 마음, 또 그만큼 가까이에 달라붙어 있는 의심 간의 투쟁은 소비 시장이 부추기는 개인적 불충분함에 대한 공포, 불안, 고통에서 기인하는 또 다른 문제이다. 이 속에서 가난은 더욱 부각되고, 질병은 더욱 비정상적인 것으로 분류된다. 인간적 상황을 벗어나기 위한 인류의 노력은 죽음을 의미화했던 때와 달리, 의학기술 시장의 소비문화를 통해 현실적 질서에 대한 명료한 자의식을 갖게 만들었다.

기든스에 따르면, 인류는 지구적 재난에 대한 사회적 환경의 통제 가능성 대신 개인적인 몰두, 즉 정신적·신체적 자기 수련으로 후퇴했다. 그러한 개인주의적 자유는 그러나 소비시장의 영역으로 확대되면서 선택을 지배당한 다. 지배 속에서 마치 개인이 자기를 표현할 수 있는 선택 의 자유를 누리는 것처럼 상상할 뿐이다. 시장은 개인으로 하여금 불충분함에 대한 공포, 불안, 고통을 부추기면서 개인적 자율성, 자기 정의, 진정한 삶 또는 개인적 완성이 라는 개인적 욕구들을 재화의 소유와 소비라는 욕구로 바 꿔버리는 것이다. 이는 개인의 자기 자신에 대한 몰두 또 한 순전한 몰두로 볼 수 없다. 우리는 자신의 선택이 오롯 이 자신을 권위와 동일시한 것에서 비롯되었다고 생각할 지 모르지만, 시장 구조의 소비 전략에 의해 재배열된 인 간 행동의 유형을 반복한다. 일상생활의 조건은 소비의 끊 임없는 개입에 의해 재형성되고 있는 것이다.

따라서 자신의 고유한 삶에 대한 책임은 의사보다 개 인 자신에게 있어야 한다. 내가 나의 고통에 먼저 관여해 야 한다. 우리는 어떤 경우엔 약사나 의사보다 더 많이 알 고 있다고 생각하여 아는 체를 한다. 반면 그 상태를 벗어 났을 때 불안에 떨며 완전히 의사에게 몸을 맡긴다. 이 양 극의 행동이 한 사람에게서 일어난다. 양쪽 모두 위험가능 성이 있다. 그러나 약의 효과 이전에 내게 일어나는 고통 을 먼저 읽는 것이 중요하다. 그리고 극복할 정도의 고유 한 차원을 스스로에게서 찾아볼 필요가 있다. 고통의 정도는 진통제 투여로 인해 점점 더 참기 어려운 것이 되어간다. 고통을 진정시키기 위한 약이 고통을 더 참지 못하게 하는 수단이 된다는 것이다. 그리고 제약회사도 소비시장의 이윤을 따른다는 사실, 그리고 그 핵심에 '이윤이 될 만한 병을 찾아내고 만들어 낸다'는 사실을 기억해야 한다.

의학기술이 명명하기 전까지 모호한 상태의 병은 병으로 인식되지 않는다. 그러나 의학 전문가들에 의해 매개되는 지식 주장들이 권위와 진실성을 부여받아 언어적으로 결정(진단)되면, 일상 전체가 위험한 분위기에 놓인다. 우리의 라이프스타일이 이 분위기에 맞추어 제한된다. 신화가 그렇게 결정된다. 바르트가 《언어의 바스락거림》(1984)에서 이야기했듯이, 신화란 사회에 의해 반영된다. 문화를 자연으로, 혹은 적어도 사회적인 것, 문화적인 것, 이데올로기적인 것, 역사적인 것 등을 '자연적인 것'으로 뒤집어놓는다. 가장 '순진무구한'것처럼 보이는 언어에 의해 보증되면 그 명제는 마치 자연적인 것이 된다. 그러나 아이러니하게도 건강에 대한 편집증 때문에 질병 보유자가 되고, 행복에 대한 집착 때문에 불행에 빠져든다. 빠져나와 바라보라. 내가 도취된 내 몸 자체가 아니라 내가 몸담고 있는 세계가 보일 것이다. 그것은 어쩌면 '조성된' 위험의 세계일지도 모른다.

인명 설명

앤서니 기든스Anthony Giddens(1938~)

'사회 구조화 이론'으로 독자적인 이론 체계를 구축한 영국의
사회학자로, 현대 사회와 자본주의의 현상을 분석하였다.
《현대성과 자아정체성》에서 그는 현대인이 신체를 자아정체성의
성찰적 기획의 중심부에 놓게 된 것을 부정적으로 바라보는 대신,
위험 문화와 관련된 신체 개발에 대한 지속적인 관심이야말로
외부 세계에 참여하는 것이라고 주장한다. 개인의 수명,
기대수명 그리고 심각한 질병에서 벗어난 정도를 살펴보면,
전 시대 대부분의 사람들보다 지금의 우리들이 훨씬 더 안전한
위치에 놓여 있다. 그럼에도 불구하고, 우리의 일상 활동으로
밀려드는 특수 분야의 전문가뿐만 아니라 보통의 행위자들까지
현대를 위험과 위험 사정이라는 측면에서 생각하게 되었다.
일반인은 거칠지만 손쉽게 건강을 위협하는 것에 대해 알고
있으며, 그들이 따르는 라이프스타일은 이러한 정보에서 영향을
받는다. 그러나 최종적 권위자가 없는 체계에서 전문가들의
말을 선호하여 정설로 받아들여진 것들조차 언제든지 수정될 수
있으며, 또 실제로 바뀌는 일이 흔하기 때문에 일반인이 능력을
획득하여 신념과 행위로 옮긴다 해도 그 방식에는 문제가 있을
수 있다는 것이 그의 주장이다.

한스 게오르그 가다머Hans-Georg Gadamer(1900~2002)

현대 해석학에 영향을 미친 《진리와 방법》의 저자로, 고전
연구를 진척시키고 원전 해석의 문제를 추구한 독일의
철학자다. 22세에 척수성 소아마비를 앓았던 경험이
소개되기도 한 《고통》에서 그는 현대인이 화학적 진통제에
익숙해지면서 몸이 잘못 길들여져 갈수록 더 많은 진통제에
의존하게 되었다고 지적한다. 그는 의학계와 반대 입장에서
고통을 저주가 아닌 삶의 일부로 바라보는데, 고통이란 결코
완전히 사라질 수는 없기 때문이다. 따라서 고통의 경험이
유한한 주체성을 가진 우리 자신으로 하여금 고유한 인생에 더
가까이 접근하도록 하여 다른 인식의 지평으로 확장하는 길을
제시한다고 주장하였다.

수전 손택Susan Sontag(1933~2004)

미국의 에세이 작가이자 소설가이며 예술평론가로 여러
책을 썼다. 특히 《은유로서의 질병》에서 질병은 단순히
환자 개인이 가지고 있는 증상이나 통증이 아니라 사람들이
해석해놓은 사회학적 기호로서 작용하고 있음을 지적한다.
즉 질병을 둘러싸고 각기 다른 은유들이 생겨났는데, 이러한
방식은 질병에 낙인을 찍는 것은 물론이고, 질병에 걸린
사람들에게까지 '환자 자신이 질병의 병인'이라든가 '질병이
존재한다는 것은 의지가 약하기 때문'이라는 식으로 낙인을
찍는다. 이러한 태도와 편견이 환자들의 재활 의지를 막는다고
보면서 신체에 가해진 해석에 반대하고 있다.

미셸 푸코Michel Foucault(1926~1984)

프랑스의 철학자로, 정신의학 이론과 임상 연구를 통해 인간의
지식이 어떤 과정을 거쳐 형성되며 변화하는지 탐구하였다.
특히 《임상의학의 탄생》에서 18세기에서 19세기까지 프랑스의
역사에 나타난 의학, 병원, 개인, 국가의 문제 등을 추적하고
있는데, 그때까지도 '볼 수 없는' 것으로 간주되었던 질병이
갑자기 의학적 시선에 의해 명확하게 포착되면서 질병이
가지고 있던 심연이 언어의 빛줄기 안에서 등장하게 된 배경을
정리하고 있다. 의학적 지식은 이전까지의 상상력을 통한 설명
대신 객관성이라는 이름 아래 실증적인 시선을 요구하였다.
그렇게 해서 질병은 인간의 몸과 새로운 의학적 시선이
마주치는 곳으로 끌려 나와 언어를 통해 재편성되었다. 최초로
인간의 몸이 합리적 언어와 접목된 것이다. 이로써 환자 개인이
겪고 있는 질병의 독특한 성격, 개인이 갖는 다양한 특이성이
의사들에 의해 같은 몸짓으로, 같은 용어로, 같은 목소리로
복원되었다. 또한 다양한 의학적 지식이 '건강'과 '정상'을
결정하기 시작하면서 의학은 개인적 차원의 건강뿐만 아니라
사회적인 차원에서 '정상'과 병리학적 상태까지 고려하게
되었다.

조르주 캉길렘Georges Canguillem(1904~1995)

미셸 푸코의 스승이기도 한 프랑스의 과학철학자로,《정상적인
것과 병리적인 것》에서 환자가 된다는 것이 환자 자신뿐만
아니라 타인에게도 해롭고 달갑지 않다고 여겨지기 때문에
사회적으로 평가절하되는 존재가 된다고 지적한다. 또한
정상적인 것과 병리적인 것은 단지 생리학과 병리학의
문제만이 아니라, 존재와 무, 선과 악의 문제와 같은 서양의
전통적인 형이상학과 맞닿아 있다고 보았다. 즉, 그 기준을
설정하는 사람들에게 복속되는 것으로, 표준이라고 하는
통계학이 관여하지만, 통계적으로 얻어진 평균으로는 우리
앞에 존재하는 개인이 정상인지 아닌지를 결정할 수 없다.
정상적인지 아닌지의 경계는 자신이 처한 상황에 따라 개인이
판단해야 하는 부분도 중요하기 때문이다.

게오르그 짐멜Georg Simmel(1858~1918)

독일의 사회학자로, 인간들 사이의 상호작용을 이해하는 것이 사회학의 주된 과제라고 생각하여 상징적 상호작용론을 발전시키는 데 기여하였다. 특히 〈대도시와 정신적 삶〉에서 대도시의 인간 감정을 연구하여 그들의 고독과 소외의 원인을 화폐경제의 보편화에서 찾았다. 전형적인 대도시인의 심리적 기반은 신경과민인데, 외부 환경의 흐름이나 그 모순들에 의해 위협받는 상황에 대해 대도시인들이 '무감각'이라고 하는 방어 메커니즘을 만들어냈다고 본다.

막스 피카르트Max Picard(1888~1965)

독일에서 의학을 공부하고 병원을 개업했으나 후에는
스위스에서 문필 활동을 하였다. 《침묵의 세계》에서 그는
소음과 마주해 있는 오늘날 침묵이 무능력하고 뭔가 축소된
것, 소극적인 것으로만 존재하게 되었다고 지적한다. 침묵이란
단지 지속적인 소음의 흐름에 생긴 구조적 결함에 불과한 것이
되었다. 따라서 질병과 죽음에만 가능한 비생산적인 것으로
취급된다. 병과 죽음에만 가능한 것이 되어버렸기 때문에
침묵은 생명의 나쁜 부분이고 고약한 것으로 변질되었다.
그러나 말은 침묵과 관련을 맺고 있으며 침묵의 충만함 속에서
마침내 표상될 수 있다는 것이 그의 주장이다.

모리스 블랑쇼Mauris Blanchot(1907~2003)

프랑스의 작가이자 사상가로, 철학과 문학 비평 및 소설의 영역에서 많은 글을 남겼으며, 특히 존재의 한계와 부재에 대한 사유를 대변하였다. 주요 저서로 《죽음의 선고》, 《문학의 공간》 그리고 낭시의 《무위의 공동체》에 대해 응답한 《밝힐 수 없는 공동체》 등이 있다. 《죽음의 선고》에서는 질병과 죽음을 이미지적인 것으로 그려내어 한층 더 낯설고 독특한 방식으로 질병의 추상성을 보여준다.

참고문헌

가브리엘 마르케스, 《콜레라 시대의 사랑》, 송병선 옮김, 민음사, 2004.

게오르그 짐멜, 〈대도시와 정신적 삶〉, 《짐멜의 모더니티 읽기》, 김덕영·윤미애 옮김, 2005.

김훈, 〈화장〉, 《강산무진》, 문학동네, 2004.

라메즈 남, 《인간의 미래》, 남윤호 옮김, 동아시아, 2007.

롤랑 바르트, 《신화론》, 정현 옮김, 현대미학사, 1995

막스 피카르트, 《침묵의 세계》, 최승자 옮김, 까치, 1993.

모리스 블랑쇼, 《죽음의 선고》, 고재정 옮김, 그린비, 2011.

미셸 푸코, 《임상의학의 탄생》, 홍성민 옮김, 이매진, 2006.

버지니아 울프, 〈새 드레스〉, 《버지니아 울프 단편소설 전집》, 유진 옮김, 하늘연못, 2006.

＿＿, 《댈러웨이 부인》, 최애리 옮김, 열린책들, 2009.

샬럿 브론테, 《빌레트》, 조애리 옮김, 창작과비평사, 1996.

셔우드 앤더슨, 《와인즈버그, 오하이오》, 김병길 옮김, 을서출판사, 1980.

소포클레스, 《오이디푸스 왕》, 황문수 옮김, 범우사, 1998.

수전 손택, 《은유로서의 질병》, 이재원 옮김, 이후, 2002.

스티븐 컨, 《육체의 문화사》, 이성동 옮김, 의암, 1996.

아니 에르노, 《나는 나의 밤을 떠나지 않는다》, 김선희 옮김, 열림원, 2021.

――, 《한 여자》, 정혜용 옮김, 열린책들, 2012.

아서 프랭크, 《몸의 증언》, 최은경 옮김, 갈무리, 2013.

악셀 호네트, 《정의의 타자》, 문성훈 외 옮김, 나남, 2009.

알베르 카뮈, 《페스트》, 김화영 옮김, 책세상, 2007.

알폰소 링기스, 《낯선 육체》, 김성균 옮김, 새움, 2006.

앤 브론테, 《아그네스 그레이》, 문희경 옮김, 현대문화센터, 2007.

앤서니 기든스, 《현대성과 자아정체성》, 권기돈 옮김, 새물결, 1997.

자크 르 고프, 《고통받는 몸의 역사》, 장석훈 옮김, 지호, 2000.

――, 니콜라스 트뤼옹, 《중세 몸의 역사》, 채계병 옮김,

이카루스미디어, 2009.

조르주 캉길렘, 《정상적인 것과 병리적인 것》, 여인석 옮김, 인간사랑, 2018.

최은주, 〈일상으로서의 질병과 몸〉, 《일상 속의 몸》, 몸문화연구소 편, 쿠북, 2009.

____, 〈그로테스크한 몸인가, 그로테스크한 세계인가〉, 《그로테스크의 몸》, 몸문화연구소 편, 쿠북, 2010.

토머스 만, 《마의 산》, 오계숙 옮김, 일신서적, 1990.

프리다 칼로, 《나 프리다 칼로》, 이혜리 옮김, 다빈치, 2004.

한스 게오르그 가다머, 《고통》, 공병혜 옮김, 철학과현실사, 2005.

황동규, '비문', 《꽃의 고요》, 문학과지성사, 2006.

Emily Dickinson, The Complete Poems, Edited by Thomas H. Johnson, Faber and Faber, 1970.

Roland Barthes, The Rustle of Language(1984), Tr. by Richard Howard, University of California Press, 1989.

배반인문학

질 병

1판 1쇄 발행 2014년 9월 19일
개정판 1쇄 발행 2022년 5월 30일

지은이 · 최은주
펴낸이 · 주연선

(주)은행나무
04035 서울특별시 마포구 양화로11길 54
전화 · 02)3143-0651~3 | 팩스 · 02)3143-0654
신고번호 · 제 1997—000168호(1997. 12. 12)
www.ehbook.co.kr
ehbook@ehbook.co.kr

ISBN 979-11-6737-178-2 (04100)
ISBN 979-11-6737-005-1 (세트)